*O silêncio de Maria*

INÁCIO LARRAÑAGA

# O silêncio de Maria

Paulinas

**Dados Internacionais de Catalogação na Publicação (CIP)**
**(Câmara Brasileira do Livro, SP, Brasil)**

Larrañaga, Inácio
  O silêncio de Maria / Inácio Larrañaga ; [tradução José Carlos Correa Pedroso]. – 39. ed. – São Paulo : Paulinas, 2012.
  – (Coleção em busca de Deus ; 2)

  Título original: El silencio de Maria
  ISBN 978-85-356-3071-8

  1. Maria, Virgem, Santa   2. Maria, Virgem, Santa – Meditações   I. Título.   II. Série.

12-02061                                                    CDD-232.91

**Índices para catálogo sistemático:**
1. Maria Mãe de Jesus : Teologia dogmática cristã    232.91
2. Mariologia : Teologia dogmática cristã           232.91
3. Meditações marianas: Teologia dogmática cristã   232.91

Título original da obra: *El silencio de Maria*
Cefepal – Chile

*Tradução*: José Carlos Correa Pedroso
*Capa:* Ir. Maria Celeste, Inst. Apost. Secular
Nossa Senhora do Cenáculo - Piracicaba - SP

39ª edição – 2012
11ª reimpressão – 2025

---

*Nenhuma parte desta obra poderá ser reproduzida ou transmitida por qualquer forma e/ou quaisquer meios (eletrônico ou mecânico, incluindo fotocópia e gravação) ou arquivada em qualquer sistema ou banco de dados sem permissão escrita da Editora. Direitos reservados.*

Cadastre-se e receba nossas informações
paulinas.com.br
Telemarketing e SAC: 0800-7010081

---

**Paulinas**
Rua Dona Inácia Uchoa, 62
04110-020 – São Paulo – SP (Brasil)
📞 (11) 2125-3500
✉ editora@paulinas.com.br
© Pia Sociedade Filhas de São Paulo – São Paulo, 1977

Ao amanhecer, permanecia ainda entre nós;
era como uma bandeira abandonada no deserto.
Gibran

*In memoriam*

Em lembrança de minha mãe,
Maria Salomé, com emoção.

# EVOCAÇÃO DA CAPA

## SENHORA DO SILÊNCIO

Mãe do Silêncio e da Humanidade, tu vives perdida e encontrada no mar sem fundo do Mistério do Senhor.

Tu és disponibilidade e receptividade. Tu és fecundidade e plenitude. Tu és atenção e solicitude pelos irmãos. Estás revestida de fortaleza. Resplandecem em ti a maturidade humana e a elegância espiritual. És senhora de ti mesma antes de ser Nossa Senhora.

Em ti não existe dispersão. Em um ato simples e total, tua alma, toda imóvel, está paralisada e identificada como o Senhor. Estás dentro de Deus, e Deus dentro de ti. O mistério total te envolve, te penetra e te possui, ocupa e integra todo o teu ser.

Parece que em ti tudo ficou parado, tudo se identificou contigo: o tempo, o espaço, a palavra, a música, o silêncio, a mulher, Deus. Tudo ficou assumido em ti e divinizado.

Jamais se viu figura humana de tamanha doçura, nem se voltará a ver nesta terra uma mulher tão inefavelmente evocadora.

Entretanto, teu silêncio não é ausência, mas presença. Estás abismada no Senhor e ao mesmo tempo atenta aos irmãos, como em Caná. A comunicação nunca é tão profunda como quando não se diz nada, e o silêncio nunca é tão eloquente como quando nada se comunica.

Faz-nos compreender que o silêncio não é desinteresse pelos irmãos, mas fonte de energia e irradiação; não é encolhimento, e sim projeção. Faz-nos compreender que, para derramar, é preciso preencher-se.

Afoga-se o mundo no mar da dispersão, e não é possível amar os irmãos com um coração disperso. Faz-nos compreender que o apostolado sem silêncio é alienação, e que o silêncio sem apostolado é comodidade.

Envolve-nos em teu manto de silêncio e comunica-nos a fortaleza de tua Fé, a altura de tua Esperança e a profundidade de teu Amor.

Fica com os que ficam e vem com os que partem.

Ó Mãe Admirável do Silêncio!

## CAPÍTULO I

# Retorno

*Todas as nossas fontes estão em ti.*
(Salmo 86)

## A FONTE SELADA

Quem contou a história da infância? Como vieram a saber daquelas notícias tão antigas, cujo arquivo e depósito só podiam ser a memória de Maria?

Para responder a essas perguntas, precisamos retornar. E para retornar precisamos subir, contra a corrente, um rio que carrega dramas e surpresas, ate chegar àquela nascente remota que foi o coração de Maria.

O Evangelho nos recorda em duas oportunidades (cf. Lc 2,19; 2,51) que Maria conservava cuidadosamente as palavras e os acontecimentos passados. E os meditava diligentemente. Que quer dizer isto? Quer dizer que Maria buscava o sentido oculto e profundo daqueles acontecimentos e palavras, e os confrontava com as novas situações em que sua vida era envolvida.

Dessa maneira, as lembranças se conservaram muito vivas em sua memória, como estrelas que nunca se apagam. Por isso, sejam quais forem os caminhos que tivermos que escolher para nos encontrarmos com a figura e a palpitação de Maria, eles têm necessariamente que nos conduzir, lá longe, ao manancial donde nascem todas as informações: a intimidade de Maria.

Como não pretendo, neste livro, fazer apreciações subjetivas, mas caminhar sobre terra firme, mesmo sem pretender uma investigação científica, acho de suma importância abordar aqui o problema das fontes.

## *Nosso querido médico (Cl 4,14)*

Lucas é um escritor de grande talento e alma delicada... uma personalidade atraente que transparece sem cessar.[1]

Lucas é um homem fortemente sensibilizado pelas motivações que envolvem a pessoa e a vida de Maria, como, por exemplo, a humildade, a paciência, a mansidão. Onde encontra um vestígio de misericórdia, Lucas fica profundamente comovido, e logo o anota em seu Evangelho.

Nosso evangelista médico detectou e apreciou a alma da mulher e sua importância na vida, melhor que nenhum outro evangelista. Pelas páginas de seu longo e denso Evangelho, passa um desfile multiforme de mulheres, umas recebendo misericórdia, outras oferecendo hospitalidade, um grupo delas expressando sua simpatia e solidariedade quando Jesus peregrinava para a morte. E, entre todas elas, sobressai Maria, com esse ar inconfundível de servidora e senhora.

A personalidade singular de Lucas é feita de delicadeza e de sensibilidade. É significativo que Paulo lhe dê uma adjetivação emocional: "nosso querido médico". Nosso evangelista, enfim, parece possuir uma afinidade temperamental muito de acordo com a personalidade de Maria.

Numa palavra, encontramo-nos diante do narrador ideal, capaz de entrar em perfeita sintonia com a Senhora, capaz de recolher não apenas os feitos de sua vida, mas também seus impulsos vitais, e, sobretudo, capaz de transmitir tudo isso com alta fidelidade.

---

[1] Bíblia de Jerusalém, Introdução aos Evangelhos Sinóticos. São Paulo: Paulus, 1983.

*Investigar e transmitir*

> Muitos tentaram escrever a história dos fatos ocorridos entre nós, assim como nos transmitiram aqueles que, desde o início, foram testemunhas oculares e, depois, se tornaram ministros da palavra. Diante disso, decidi também eu, caríssimo Teófilo, redigir para ti um relato ordenado, depois de ter investigado tudo cuidadosamente desde as origens, para que conheças a solidez dos ensinamentos que recebeste (Lc 1,1-4).

Com essa introdução ao seu Evangelho, Lucas nos coloca no umbral de Maria. Conforme o uso literário de sua época, Lucas se dirige e dedica sua obra ao "caríssimo Teófilo". Não sabemos quem foi esse ilustre destinatário. Mas, por essas palavras introdutórias, poderíamos concluir que se tratava de personagem de posição elevada, que já havia recebido a Palavra e a Fé. Entretanto, Lucas não o trata de "irmão". Por causa da distância social? Pelo fato de ter destinado o livro ao grande público? Seja como for, o tal Teófilo desaparece aqui mesmo, sem deixar sinais posteriores.

Lucas fala aqui como um jornalista moderno que, para garantir a credibilidade de sua informação, assegura que esteve presente no "lugar da notícia". Esse é o conselho que dão hoje aos alunos de jornalismo: vocês têm que chegar à "fonte" da informação. Dessa maneira, para garantir a objetividade de seu trabalho e a validez da fé de Teófilo, Lucas se dispõe a dar-lhe uma informação completa sobre finalidade, conteúdo, fonte e método de trabalho de sua obra.

\* \* \*

Em primeiro lugar, Lucas assegura que muitos antes dele empreenderam a mesma tarefa de investigação. Ajuntaram documentos, fizeram coleções de atos e palavras de Jesus. Alguns até chegaram a apresentar seus Evangelhos.

É muito interessante essa afirmação de "nosso querido médico". Indica que Lucas, antes de começar sua pesquisa e mesmo durante o trabalho, tinha diante de si apontamentos, coletâneas de atos e palavras e, provavelmente, até Evangelhos recolhidos e redigidos por outros. Desses escritos é provável que alguns se tenham perdido, enquanto outros foram, eventualmente, utilizados por Lucas. Será que não haveria entre esses escritos as lembranças de Maria, colecionadas por algum discípulo? Lembranças referentes aos anos, já distantes, da anunciação e da infância?

Lucas afirma, em seguida, uma coisa altamente importante: que "investigou tudo cuidadosamente desde as origens" (Lc 1,3) que constituem o ponto alto do empreendimento salvador. Em linguagem moderna, diríamos que Lucas toma nas mãos a lupa da crítica histórica. É assim que oferece em seu livro uma nova ordenação, novos detalhes descobertos em sua cuidadosa investigação e até, quem sabe, uma verificação mais rigorosa das informações. E tudo isso em nova roupagem literária.

## *Desde as origens*

A partir de nossa motivação, que é conhecer Maria de perto, é interessante ponderar e apreciar o fato de que Lucas, com sua "cuidadosa investigação", remontou aos remotos acontecimentos que sucederam "desde as origens".

Nosso historiador, com a trama da crítica histórica nas mãos, foi retrocedendo e iluminando por caminhos de surpresas e suspenses, por uma complexa cadeia de acontecimentos, até chegar aos dias, já longínquos, da Senhora.

É evidente que a crítica histórica de Lucas não seria tão rigorosa e severa como a dos historiadores modernos. Mas, de qualquer maneira, fez uma investigação séria, tratando de chegar não só à origem das notícias, mas também aos dias primitivos.

Entre as palavras do evangelista, merece destaque o seguinte: ao que parece, Lucas dispõe de manuscritos ou apontamentos do que foi transmitido por "testemunhas oculares", isto é, aqueles mesmos que estiveram no meio dos acontecimentos e do combate. Ora, não houve nenhuma outra testemunha dos fatos referentes à infância de Jesus senão Maria. Temos que concluir que o evangelista, por caminhos diretos ou indiretos – ninguém sabe – chegou à única fonte de informação: Maria.

Por outro lado, podemos supor situações que comovem muito: o contexto de Lucas manifesta inequivocamente que as "testemunhas oculares" foram "servidores da palavra". Poderíamos concluir que também Maria se fez evangelista das informações que só ela conhecia? Quereria Lucas indicar velada ou implicitamente que a presença de Maria, nas primeiras comunidades palestinas, não teria sido apenas de animação, mas teria incluído também uma atividade especificamente missionária? Numa palavra, deveríamos incluir Nossa Senhora entre as testemunhas oculares que proclamavam a palavra? O estudo das fontes nos leva a essa conclusão. Veja-se, no fim deste capítulo, *traços para uma fotografia*.

## Primeiros anos

Quando os apóstolos, depois de Pentecostes, se espalharam pela terra para anunciar as "notícias" da *última hora*, levavam em suas almas – permitam-me a expressão – as marcas de profundas cicatrizes psicológicas.

Que é que tinha acontecido? Uma série encadeada de acontecimentos os havia golpeado profundamente. Com efeito, em um dia não muito distante, contra tudo que "esperavam" (Lc 24,21), acontecimentos sucessivos, em redemoinho, abateram-se sobre Jesus, mestre e líder, envolveram-no e o arrastaram inexoravelmente para a torrente da crucifixão e da morte. Eles mesmos, a duras penas, conseguiram escapar da mesma sorte.

Por isso, ficaram destroçados, desorientados, sem fé, sem esperança e com medo (cf. Jo 20,19).

A ressurreição, poucos dias depois, foi para eles um golpe violentíssimo que, como um furacão, levou-os quase ao paroxismo. Pareciam aturdidos, alucinados, como autômatos que não podem acreditar no que estão vendo e ouvindo. Não esperavam nem uma coisa nem outra, apesar de que ambas lhes tivessem sido anunciadas. Depois de algumas semanas, veio o Espírito Santo e lhes explicou tudo. Só então começaram a entender todas as coisas: o universo de Jesus, sua pessoa, sua função central na história da salvação. Finalmente, tudo se tornava claro.

E nesse momento, ao sair para o mundo, os apóstolos carregavam profundas "feridas": a morte e a ressurreição de Jesus. Eram as "novidades" fundamentais, era o mistério pascal. Espalhados pelo mundo, começam a falar. Parecem obcecados. Para eles não existem notícias importantes a não ser essas notícias que salvam: a humilhação e a exaltação de Jesus. Só ele salva. O resto, para que serve? E, nesses primeiros anos, não conseguem falar a não ser desse assunto.

* * *

Nesse marco psicológico, o que não tinha referência direta com o mistério pascal não tinha significação nem importância para eles. Por isso deixaram de lado pormenores que, para o gosto moderno, seriam tão saborosos: onde e quando nasceu Jesus? O que aconteceu com ele nos primeiros dias, nos primeiros anos? Quem e como eram seus pais? Qual a sua linha ascendente na árvore genealógica? Qual a ordem exata na cronologia e nas narrações...? Tudo isso e outras preocupações semelhantes eram, para eles, curiosidade inútil. Não importavam os dados biográficos, mas os efeitos soteriológicos.

Assim, nesse estado de ânimo e com essa hierarquia de valores, podemos compreender facilmente que as narrações da infância não têm valor fundamental para eles, ao menos nos primeiros anos. Tampouco tinham importância as informações referentes à pessoa de Maria.

Passaram-se os primeiros anos. E um dia essas notícias começaram a ter interesse e a circular pelas comunidades palestinas. Como foi isso?

Quando as primeiras comunidades, sob a inspiração do Espírito, começaram a proclamar Jesus como *Kyrios – Senhor Deus –*, sentiram necessidade de complementar a perspectiva histórica do Senhor Jesus. Precisavam saber quem foi essa pessoa única, onde nasceu, como viveu, o que ensinou.

Ora, essa grande zona de silêncio que envolvia o Senhor Jesus não tinha outra testemunha ocular senão Maria. E ela se transformou na evangelista daquelas novidades, ignoradas pelos outros.

*Através da crítica interna*

Apesar de tudo, continuam martelando as perguntas que formulamos antes. Quem recebeu os segredos de Maria? Quem foi o redator dos dois primeiros capítulos de Lucas? No caso de não ter sido Lucas o autor material dessas páginas, de onde nasceram essas notícias e como chegaram às mãos de Lucas?

Seguindo as investigações do grande exegeta Paul Gechter, vamos afirmar, primeiramente, que não foi Lucas o redator dessas páginas, mas que as encontrou em sua pesquisa e as incluiu em seu Evangelho.

Realmente, é improvável, quase impossível, que o médico evangelista tivesse recebido essa informação diretamente dos lábios de Maria. Se Lucas escreveu seu Evangelho entre os anos setenta e oitenta (cronologia sumamente incerta, mas a mais aproximada), é difícil imaginar que Maria ainda vivesse nessa oportunidade. Deveria ter mais de noventa anos. Dentro dos parâmetros de longevidade de um país subdesenvolvido, não se pode pensar que Maria tivesse vivido tanto tempo. Temos que descartar, portanto, a hipótese de que Lucas tivesse recebido dos lábios de Maria uma informação direta sobre a infância de Jesus.

\* \* \*

Por outro lado, a crítica interna desses dois deliciosos capítulos também nos leva a descartar a hipótese da paternidade lucana. A estrutura interna dessas páginas é inteiramente semítica, tanto no estilo geral como na cadência e no ritmo de suas expressões.

Lucas nasceu em Antioquia, país greco-romano, a mais de mil quilômetros de distância do cenário bíblico. Além disso, tinha nascido no paganismo, como se deduz claramente do contexto do capítulo quarto da carta aos Colossenses.

Pelo contrário, a pessoa que escreveu esses dois primeiros capítulos estava inteiramente familiarizada com a mentalidade semítica e com a inspiração geral veterotestamentária. Um convertido, isto é, uma pessoa que não se abeberara desde a infância na inspiração bíblica, dificilmente se poderia imaginar saturado do texto e do contexto do Antigo Testamento, como aparece o autor desses capítulos.

O evangelista médico deve ter encontrado, portanto, esses apontamentos e os incluiu em seu Evangelho. A atividade de Lucas, quanto a esses capítulos, se é que houve tal atividade, deve ter sido insignificante, como a de quem retoca detalhes de forma.

> A conclusão legítima é de que Lucas copiou o documento grego tal como o encontrou, embora tenha podido, ocasionalmente, adaptá-lo ao seu próprio gosto literário. O fundo cultural que se reflete até nos menores detalhes, a estrofação semítica das partes dialogadas, excluem toda a intervenção lucana de alguma importância.[2]

Por meio de um aparato crítico tremendamente complexo e sólido, Paul Gechter chega a essa mesma conclusão:

> O quadro cultural que a história da infância nos oferece rejeita Lucas, nascido pagão, como compositor dos dois primeiros capítulos de seu Evangelho, tão indubitavelmente como o rejeitam a estrutura geral, a língua e o ritmo.

---

[2] GECHTER, Paul. *Maria en el Evangelio*. Bilbao, 1959. p. 40.

A presença dessa cultura em Lucas 1-2 só pode ser explicada se se admitir que Lucas encontrou o documento judeu com a história da infância e o inseriu em seu Evangelho praticamente sem retoques.[3]

Mais adiante, o exegeta alemão volta a reiterar a mesma conclusão, apoiando-se sempre em impressionante aparato crítico, acrescentando o seguinte:

> A natureza totalmente semítica da estrutura geral, do ambiente cultural e do ritmo das locuções demonstra que a atividade de Lucas, criadora ou transformadora, deve ter sido muito secundária.[4]

## *João, o "filho"*

Se não foi Lucas o confidente que recebeu as informações sobre a infância, nem o redator material, como chegaram a suas mãos esses apontamentos tão preciosos?

Dentro de um cálculo normal de probabilidades, a primeira coisa que nos ocorre é pensar que foi o apóstolo João quem primeiro recebeu e compilou as confidências de Maria. Efetivamente, "desde então", João acolheu Maria "em sua casa". Essa expressão, tão carregada de significado, insinua um universo de vida sem limites. Entre Maria e João não devem ter existido segredos nem reservas. João deve ter cuidado de Maria com um tratamento delicado, único, feito de carinho e veneração, quando ela ia se aproximando do ocaso da vida.

---

[3] Ibid., p. 40.
[4] Ibid., p. 40.

Entre as duas pessoas, de tanta beleza interior, deve ter existido uma comunhão inefável, que passou além de uma carinhosa relação filial.

A meu ver, o primeiro a receber as confidências por parte de Maria foi o "filho" João. Neste livro veremos como Maria não comunicou a ninguém os segredos de seu coração. Talvez a Isabel. Mas, mesmo neste caso, não devemos esquecer que, quando Maria chegou a Ain Karim (Lc 1,39ss), o Segredo Fundamental já estava em poder de Isabel, confiado seguramente pelo próprio Deus.

Mas a crítica interna assinala que não foi João o compilador nem o redator desses apontamentos. O estilo de João é inconfundível. João conservou algumas lembranças da vida de Jesus. Sobre a base dessas lembranças, João foi aprofundando o mistério transcendente de Jesus, ao longo de sua existência. E foi vertendo em seus escritos essa reflexão teológica em forma de ideias-força como Vida, Amor, Luz, Verdade, Caminho... O discípulo predileto não escreve duas páginas sem que apareça alguma dessas ideias-força.

Nesses capítulos lucanos não aparece nada que indique a paternidade literária de João.

## *Maria missionária*

Se os autores não foram nem Lucas nem João, quem foi? O que aconteceu?

Temos que retroceder e chegar até a câmara fechada e selada. As notícias podiam andar de boca em boca, como as águas da torrente andam de pedra em pedra. Mas como e quando Maria abriu a fonte selada?

Nos Evangelhos aparecem grupos de mulheres ao redor de Jesus. O evangelista médico assinala que, de longe, observavam a agonia do Crucificado "as mulheres que o acompanhavam desde a Galileia" (Lc 23,49). Seriam essas mulheres as mesmas que o serviam com seus bens nos dias da Galileia? (cf. Lc 8,2ss).

João lembra que, depois que Jesus manifestou sua glória em Caná, sua mãe desceu com ele para Cafarnaum (cf. Jo 2,12). O mesmo João coloca Maria entre diversas mulheres, junto à cruz de Jesus (cf. Jo 19,25). Veremos em outras páginas deste livro como Maria foi se comprometendo com o grupo de discípulos, transformando-se ela mesma em "discípula" de Jesus, não precisamente na condição de mãe humana, mas por uma atitude de fé.

Aí está Maria, formando parte de um grupo de mulheres, ainda nos dias de Jesus, como em uma escola de formação. Não sabemos que grau de intimidade existiu entre Maria e essas mulheres. Seja como for, é óbvio que, sendo elas tão entusiastas seguidoras de Jesus, queriam saber de Maria os pormenores da infância; e perguntariam detalhes sobre certas épocas da vida de Jesus, sobre os quais ninguém sabia nada.

> É fora de dúvida que essas discípulas de Jesus devem ter muitas vezes interrogado Maria sobre a infância e a juventude de Jesus.[5]

Passaram-se os dias. Passaram-se também aqueles acontecimentos que estiveram a ponto de desequilibrar a todos. Chegou o Consolador. Com sua luz, a comunidade confessou Jesus como Cristo e Senhor. A essa altura, Maria não podia ocultar as maravilhas que tinham sido operadas

---
[5] Ibid., p. 104.

desde os primeiros dias. Era a hora exata para revelar as novidades escondidas.

Como teria sido? Eu não poderia imaginar Maria passando pelas comunidades como uma pregadora ambulante, anunciando kerigmaticamente – como uma trombeta – as notícias inéditas sobre Jesus. Então, o que aconteceu?

Paul Gechter, com um volumoso dossiê de argumentos, supõe e demonstra, a partir da crítica interna, que foi um pequeno e íntimo círculo feminino que recebeu por primeiro as confidências de Maria. As lembranças são estritamente maternais e foram conservadas nesse ar maternal e íntimo, tipicamente feminino.

> O selo de feminilidade ressalta não só do assunto tratado, mas também do pouco interesse por questões jurídicas.[6]
>
> Todas as lembranças aparecem impregnadas de perspectiva maternal.[7]
>
> O ambiente mais apto para a transmissão da história da infância de Jesus era o mundo feminino. As crianças são a eterna atração das mulheres.[8]

\* \* \*

Os investigadores que estudam o contexto vital das primeiras comunidades ressaltam um fenômeno que comove bastante: dizem que a veneração por Maria brotou, quase desde o primeiro momento, nas primeiras comunidades. Harnack diz: "O círculo de onde procederam as narrações da infância sentia uma grande veneração por Maria,

---

[6] Ibid., p. 100.
[7] Ibid., p. 91.
[8] Ibid., p. 103.

a quem colocava em primeiro plano juntamente com seu Filho".

Também Rudolf Bultman deduziu, de suas investigações, que as primeiras comunidades cristãs sentiam "uma devoção especial e notória pela Mãe do Senhor".

\* \* \*

Por isso devemos pensar que existiu um grupo feminino que rodeou Maria com grande confiança e carinho. Esse grupo sentia uma profunda veneração por ela, não somente porque era venerável, por tratar-se da Mãe do Senhor, mas porque ela mesma se fazia reverenciar por seu permanente comportamento, cheia de dignidade, humildade e paz.

Portanto, foi um desses círculos femininos o depositário das confidências e novidades, quando a Senhora foi se convencendo de que se aproximava o fim de sua existência, e de que não deveriam existir segredos sobre aquele – seu Filho – que, agora, era proclamado como Cristo e Senhor. Maria teria falado na primeira pessoa, com pequena variação gramatical. Talvez tenham acrescentado algum detalhe não transcendente, para ressaltar o papel central de Maria.

É possível que essas lembranças de Maria tenham caído nas mãos de algum discípulo, que tinha algumas noções teológicas. Ele teria feito alguns retoques incidentais. E, dessa maneira, os apontamentos, multicopiados a mão, começaram a circular pelas comunidades palestinas.

Lucas, que esteve pesquisando entre as testemunhas oculares e nas primeiras comunidades, encontrou essa verdadeira joia e a inseriu em seu Evangelho.

> Por conseguinte, devemos pensar primeiramente em um reduzido círculo feminino, que manifestava uma grande

veneração para com Maria. Seu interesse pela infância de Jesus levava a Virgem a relatar-lhes alguns episódios, o que ela fazia do ponto de vista de mãe.
Esse ponto de vista, naturalmente, era recebido e conservado pelas mulheres como um depósito imutável.
Por meio dessas mulheres chegaram as informações até um discípulo que fez ligeiras modificações, dentro da mais rigorosa linha teologal dos primeiros tempos.[9]

Tudo isso mostra que as notícias contidas nos dois primeiros capítulos de Lucas foram comunicadas diretamente por Maria. Essas novidades, afora pequenos retoques de forma, saíram dos lábios de Nossa Senhora; por isso conservam esse imediatismo, feito de intimidade e proximidade. Além disso, são palavras que estão em perfeita concordância com a personalidade, a conduta e as reações de Maria.

Como vamos analisar no decorrer deste livro, Maria ocupa sempre, nessa narração, um segundo lugar, precisamente porque são palavras que saíram de sua boca. Nesses capítulos encontramos descrições elogiosas de Zacarias, de Isabel, de Simeão e de Ana. Dela mesma não se diz nada.

A humildade e a modéstia envolvem permanentemente, como uma atmosfera, a vida de Nossa Senhora. Ela nunca volta para si a atenção. Maria sempre proclama e transfere. Transfere ao outro. Só Deus é importante.

## TRAÇOS PARA UMA FOTOGRAFIA

Remexemos nas águas profundas e não muito claras das primeiras comunidades. E voltamos carregados de impressões, de intuições e também de algumas deduções.

---
[9] Ibid., p. 108.

Com essas impressões vou tentar esboçar alguns traços provisórios sobre a figura de Maria que, ao longo deste estudo, se irá completando.

Jesus nasceu segundo a carne, e seus primeiros dias transcorreram entre perseguições e fugas. Foi Maria, sua Mãe, quem cuidou dele e o defendeu. Jesus nasceu segundo o Espírito – a Igreja – e nasceu no meio de uma tempestade: ainda foi Maria quem o defendeu, consolou e fortaleceu.

Entretanto, temos a impressão de que Maria exerceu essa função materna na Igreja primitiva de uma forma tão discreta quanto eficaz. O autor dos Atos nem sequer se deu conta disso, ou não o valorizou suficientemente, ou, pelo menos, não o registrou em seu livro. Temos a impressão de que Maria atuou silenciosamente, conforme seu costume, entre os bastidores, e daí dirigiu e animou a Igreja nascente.

## *A Mãe*

Quem era ela para a comunidade? Como a chamavam? Não seria pelo nome de Maria. Esse nome era tão comum... Maria de Cléofas, Maria de Tiago, Maria de Mágdala... Precisavam de um nome que especificasse melhor sua identidade pessoal. Qual seria esse nome?

A comunidade vivia permanentemente na presença do Senhor Jesus. A Jesus dirigiam o louvor e a súplica. Ora, uma comunidade que vive com Jesus e em Jesus, como haveria de identificar ou denominar aquela mulher? A resposta é evidente: era a Mãe de Jesus. É assim que o Evangelho se expressa sempre.

Mas, na realidade, Maria era mais do que a mãe de Jesus. Era também a mãe de João. E era também – por que não? – a mãe de todos os discípulos e até mesmo de todos os que acreditavam no nome de Jesus. Não era essa a missão que recebera dos lábios do Redentor moribundo? Então, era simplesmente *a Mãe*, sem especificação adicional. Temos a impressão de que, desde o primeiro momento, Maria foi identificada e diferenciada por essa função e, possivelmente, por esse precioso nome. É o que parece deduzir-se da denominação que os quatro evangelistas dão a Maria, sempre que ela aparece em cena.

Veremos em outro lugar deste livro de que maneira Jesus, mediante uma pedagogia desconcertante e dolorosa, foi conduzindo Maria de uma maternidade meramente humana a uma maternidade na fé e no Espírito. Maria tinha dado à luz Jesus, em Belém, segundo a carne. Agora que chegava o nascimento de Jesus segundo o Espírito – Pentecostes –, o Senhor precisava de uma mãe no Espírito.

Assim, Jesus foi preparando Maria, mediante uma transformação evolutiva, para essa função espiritual. Em razão disso, Jesus aparece muitas vezes, no Evangelho, como tendo subestimado a maternidade meramente humana. Quando chegou Pentecostes, Maria já estava preparada, já era a Mãe no Espírito, e apareceu presidindo e dando à luz aquela primeira célula dos Doze que haveriam de constituir o Corpo da Igreja.

* * *

Maria, como aparece nos Evangelhos, nunca foi uma mulher passiva ou alienada. Questionou a proposta do anjo (cf. Lc 1,34). Tomou pessoalmente a iniciativa de ir rapidamente, cruzando montanhas, ajudar Isabel nos últimos meses de gestação e nos dias do parto (cf. Lc 1,39). Na gruta de Belém ela, só ela, defendeu-se no complicado e difícil momento de dar à luz (cf. Lc 2,7). Para que serve, nesse momento, a companhia de um homem?

Quando o menino se perdeu, a Mãe não ficou parada, de braços cruzados. Seguiu rapidamente a primeira caravana. Subiu a Jerusalém, distante 150 quilômetros, percorreu e removeu céu e terra, durante três dias, procurando-o (cf. Lc 2,46). Nas bodas de Caná, enquanto todo mundo se divertia, só ela estava atenta. Percebeu que estava faltando vinho. Tomou a iniciativa e, sem molestar ninguém, quis resolver o problema ela mesma, delicadamente. E conseguiu a solução.

Em um momento determinado, quando diziam que a saúde de Jesus não estava boa, tomou a iniciativa de se apresentar na casa de Cafarnaum para levá-lo, ou pelo menos para cuidar dele (cf. Mc 3,21). No Calvário, quando tudo já estava consumado e não havia mais nada para fazer, então sim, ela ficou quieta, em silêncio (cf. Jo 19,25).

* * *

É fácil imaginar o que faria uma mulher de tal personalidade, nas circunstâncias delicadas da Igreja nascente. Sem forçar a natureza das coisas, a partir da maneira normal de agir de uma pessoa – neste caso, de Maria –, eu poderia imaginar, sem medo de engano, o que fazia a Mãe no seio da Igreja nascente.

Poderia imaginar as palavras que diria ao grupo de discípulos, quando partiam para terras longínquas, para proclamar o nome de Jesus. Posso imaginar que palavra de fortaleza e de conforto diria a Pedro e João quando foram presos e açoitados. Posso até imaginar como teria curado com azeite e vinagre suas feridas, produzidas pelos açoites, ela, como a melhor enfermeira.

Sabendo como agia nos dias do Evangelho, eu poderia deduzir que a Mãe estava ali, como outrora no Calvário, entre os "homens piedosos que enterraram Estêvão" (cf. At 8,2). Tenho o direito de imaginar como ela, sempre tão serviçal, em lugar de ficar quieta, estava entre aqueles sete homens "cheios de Espírito Santo e de sabedoria, servindo à mesa das viúvas helenistas" (cf. At 6,5). Não tenho dúvidas de que a Mãe foi a primeira "diaconisa", no sentido original da palavra.

Ela, tão excelente receptora e guardadora de notícias (cf. Lc 2,19; 2,51), me dá uma ideia de como transmitiria as notícias sobre o avanço da Palavra de Deus na Judeia e entre os gentios (cf. At 8,7), e como, com essas notícias, consolidaria a esperança da Igreja.

* * *

Posso imaginar aquela mulher que um dia dissera "façam o que ele lhes disser" percorrendo agora as comunidades com as mesmas palavras na boca: façam tudo o que ele mandou. Se a Igreja se mantinha incessantemente em oração, não seria pela insistência e o exemplo da Mãe?

Foi um espetáculo único. Viviam unidos. Tinham tudo em comum. Eram alegres. Nunca usavam adjetivos possessivos: "meu", "teu". Iam diariamente, e com fervor, ao templo. Gozavam da simpatia de todos. Numa palavra, tinham um só coração e uma só alma. E tudo isso causava uma enorme impressão no povo. Jamais se vira coisa semelhante.

Quem conseguira esse espetáculo de harmonia? Não seria a Mãe, aquela mulher tão cheia de paz e de equilíbrio? Quantas vezes teria passado pelas comunidades, reiterando-lhes: "Lembrem-se de como ele lhes ordenou:

Amem-se! Lembrem de que essa foi sua última vontade. Cumpram o que ele mandou. Amem-se!".

\* \* \*

Em Belém, no Egito, ou em Nazaré, Jesus não era nada sem sua Mãe. Ela o ensinou a comer, a andar, a falar. Maria fez outro tanto com a Igreja nascente. Sempre estava por trás do cenário. Os discípulos já sabiam onde estava a Mãe: na casa de João. Não seria Maria quem convocava, animava e mantinha em oração o grupo dos comprometidos com Jesus (cf. At 1,14)?

Não teria sido a Mãe quem lhes teria aconselhado a preencher o vazio deixado por Judas no grupo apostólico, para não descuidar nenhum detalhe do projeto original de Jesus (cf. At 1,15ss)? De onde tiravam Pedro e João a audácia e as palavras que deixaram Anás, Caifás, Alexandre e os demais sinedritas mudos e assombrados (cf. At 4,13)? De onde tiraram João e Pedro aquela felicidade e alegria por ter recebido as quarenta chicotadas menos uma, pelo nome de Jesus (cf. At 5,41)? Por trás, estava a Mãe.

Aonde iria João consolar-se, depois daqueles combates turbulentos? Por acaso não convivia com a Mãe? Quem animava João para sair todos os dias, para o templo e para as casas particulares, a fim de proclamar as estupendas notícias do Senhor Jesus (cf. At 5,42)? Por trás de tanto ânimo, vislumbramos uma Animadora.

No dia em que Estêvão foi martirizado a pedradas, desencadeou-se uma furiosa perseguição contra a Igreja de Jerusalém, e os seguidores de Jesus se dispersaram pela Samaria e a Síria. Os apóstolos, entretanto, decidiram ficar na capital teocrática (cf. At 8,1ss). Nesse dia, onde se congregaram os apóstolos para buscar consolo e fortaleza? Não seria na casa de João, junto à Mãe de todos?

João e Pedro aparecem sempre juntos, nesses primeiros anos. Se Maria vivia na casa de João, e este era animado e orientado pela Mãe, não faria ela o mesmo também para com Pedro? Ambos – Pedro e João – não haveriam de fazer suas reuniões na casa de João, junto com Maria, a quem tanto veneravam?

Não seria ela a Conselheira, a Consoladora, a Animadora, numa palavra, a Alma daquela Igreja que nascia entre perseguições? Não seria a casa de João o local de reunião nos momentos de decisões importantes?

Se prestarmos atenção à personalidade de Maria, e se partirmos de suas reações e comportamento geral nos dias do Evangelho, dentro de um cálculo normal de probabilidades, podemos chegar à seguinte conclusão: todas essas perguntas devem ser respondidas afirmativamente.

A Bíblia foi escrita dentro de certas formas culturais. Muitas de suas páginas foram escritas numa sociedade patriarcal, em uma atmosfera de preconceito contra a mulher. É um fato conhecido que, tanto no mundo greco-romano como no mundo bíblico, naqueles tempos, a mulher era marginalizada. Nesse contexto, não era de bom tom que um escritor destacasse a atuação brilhante de uma mulher. Se não fosse por esse preconceito, de quantas maravilhas não nos falaria o livro dos Atos, maravilhas silenciosamente realizadas pela Mãe!...

*　*　*

Lá pelos anos 90 ou 95, o "filho" João, já com mais de oitenta anos, recordava uma história antiga, mas sempre emocionante.

No momento culminante, do alto da cruz, Alguém lhe deu um encargo de caráter urgente como última vontade: João, cuida com carinho de minha Mãe, lembrando-te de mim! Quis dizer-lhe muito mais do que isso, mas também isso. Desde então, passaram-se muitos anos. Mas agora só se lembrava de que "a acolheu em sua casa". Nada mais. Mas quanta vida encerram essas palavras! Quão grande é o seu significado!

Como foi a sua vida? Qual era a altura e a profundidade da comunhão entre esses dois seres excepcionais?

Já conhecemos João. Sua alma transparece em seus escritos, como em um espelho: ardente como o fogo, suave como a brisa. João é um homem carinhoso, dessa espécie de pessoas a quem a solidão abate e que, na intimidade, se abrem como uma flor. Também já conhecemos Maria: silenciosa como a paz, atenta como um vigia, aberta como uma mãe.

Creio que nunca houve, neste mundo, um relacionamento tão belo entre duas pessoas. Como foi? Quem cuidava de quem? O filho, de sua mãe, ou a mãe, de seu filho?

Existem certas palavras no dicionário que, de tão repetidas, perdem o encanto. Essas palavras, neste relacionamento entre Maria e João, recuperaram seu frescor original: carinho, delicadeza, cuidado, veneração... tudo isso, e muito mais, foi tecendo a intimidade envolvente dentro da qual viveram esses dois privilegiados. Foi algo inefável.

Quando os dois falavam de Jesus, e cada um evocava suas recordações pessoais, e nessa meditação a dois, essas duas almas penetrantes e ardentes começavam a navegar nas águas profundas do mistério transcendente do Senhor Jesus Cristo... devia ser uma coisa jamais imaginada. Não seria o Evangelho de João o fruto da reflexão teológica entre Maria e João?

Como teriam sido o cuidado e as atenções de João nos últimos anos de vida da Mãe, quando suas forças decaíam visivelmente e seu Espírito tocava as alturas mais elevadas?... Como seriam o suspense, a pena e... (como dizer?) quase adoração, quando João assistiu ao trânsito inefável da Mãe e lhe fechou os olhos!

João foi, com certeza, o primeiro a experimentar o que nós chamamos de *devoção a Maria*: amor filial, admiração, disponibilidade, fé...

## *O Espírito Santo*

Não sei o que Maria tem. Onde ela aparece, temos presença clamorosa do Espírito Santo. Isso acontece desde o dia da encarnação. Aquele dia – não sei como explicar – foi a "Pessoa" do Espírito Santo que tomou posse total do universo de Maria. Desde aquele dia, a presença de Maria desencadeia uma irradiação espetacular do Espírito Santo.

Quando Isabel escutou o "Olá, bom-dia!" de Maria, automaticamente "ficou cheia do Espírito Santo" (Lc 1,41). Quando a pobre Mãe estava no templo, com o menino nos braços, esperando sua vez para o rito da apresentação, o Espírito Santo se apoderou do velho Simeão para dizer palavras proféticas e desconcertantes.

Na manhã de Pentecostes, quando o Espírito Santo irrompeu violentamente, com fogo e tremor de terra, sobre o grupo dos comprometidos, não estava o grupo sendo presidido pela Mãe (cf. At 1,14)? Não sei que relação existe, mas há algum misterioso e profundo parentesco entre essas duas "pessoas".

O livro dos Atos é chamado de "Evangelho do Espírito Santo", e com razão. É impressionante. Não há capítulo, nesse livro, em que não se mencione o Espírito Santo três ou quatro vezes. É o livro em que se descrevem os primeiros passos. Não é verdade que essa Igreja nascente, presidida pela presença invisível do Espírito Santo, estava presidida também pela presença silenciosa da Mãe, como vimos anteriormente?

Ora, essa presença tão explosiva do Espírito Santo na Igreja primitiva não seria, mais uma vez, efeito da presença de Maria? Se o Espírito Santo é o impulso dinâmico na vida da Igreja, e particularmente em seus primeiros passos, não foi Maria a alma geradora daquela Igreja nascente?

Repito: eu não sei qual a explicação disso, mas existe uma relação misteriosa e profunda – não sei dizer se um condicionamento – entre as duas pessoas. Parece que a presença de Maria sempre coincide com (gera?) a presença do Espírito Santo. Esse mistério será esclarecido quando falarmos da Maternidade.

Se os apóstolos receberam todos os dons do Espírito naquele amanhecer de Pentecostes, podemos imaginar que plenitude receberia aquela que, outrora, recebera a Presença pessoal e fecundante do Espírito Santo. A audácia e a fortaleza com que se desenvolve a Igreja em seus primeiros dias não seria uma participação dos dons da Mãe?

Mas é preciso buscar mais uma explicação, digamos assim, psicológica, para essa coragem temerária dos discípulos. Entre os bastidores estava a Mãe. Todos sabiam onde ela estava: na casa de João e aos cuidados dele. Nessa casa, João era o novo filho. Mas, nessa casa, todos se sentiam filhos.

Na verdade, o título mais preciso que já se deu a Maria foi este: *Mãe da Igreja*.

* * *

Com estas reflexões, chegamos a compreender o que nos diz a investigação histórica:

- Maria deixou na alma da Igreja primitiva uma impressão indelével.
- A Igreja sentiu, desde o primeiro momento, uma viva simpatia pela Mãe e a cercou de carinho e veneração.
- O culto e a devoção a Maria remontam às primeiras palpitações da Igreja nascente.

Uma exegese que vê, ouve e entende os começos, testemunha a veneração e a alegria que então, e cada vez mais, sentiam por ela.[10]

---

[10] SCHELKLE, Karl Hermann. *Maria Madre Del Redentor*. Barcelona, 1965. p. 93.

CAPÍTULO II

# Peregrinação

*Avançou na peregrinação da Fé.*
(LG 58)

*Abandona-te, em silêncio, ao Senhor,
e põe nele sua confiança.*
(Salmo 36)

# ETERNO CAMINHAR

Crer é entregar-se. Entregar-se é caminhar incessantemente em busca do rosto do Senhor. Abraão é um eterno caminhante, na direção de uma Pátria soberana, e essa Pátria não é senão o próprio Deus. Crer é partir sempre.

Antes de começar a estudar a fé de Maria, vou fazer aqui uma ampla reflexão, não sobre a natureza da fé, mas sobre as alternativas de sua vivência. Numa palavra, a fé como vivência de Deus.

Não há coisa mais fácil, neste mundo, do que manipular conceitos sobre Deus e, com esses conceitos, construir fantásticos castelos no ar. E não há coisa mais difícil, neste mundo, que chegar ao encontro do *mesmíssimo* Deus, que sempre está adiante das palavras e dos conceitos. Para isso, é preciso atravessar o bosque da confusão, o mar da dispersão e a escuridão inquebrantável da noite. E, dessa maneira, chegar à claridade do mistério.

## *Mistério*

Deus é impalpável como uma sombra e, ao mesmo tempo, sólido como uma rocha. O Pai é eminentemente mistério, e o mistério não se deixa agarrar nem analisar. O mistério simplesmente se aceita em silêncio.

Deus não está ao alcance de nossa mão, como a mão de um amigo que podemos apertar com emoção. Não podemos manusear Deus, como quem manipula um livro, uma caneta ou um relógio. Não podemos dizer: "Senhor meu, vem esta noite comigo e amanhã podes ir embora". Não o podemos manipular.

Deus é essencialmente desconcertante porque é essencialmente gratuidade. E o primeiro ato de fé consiste em aceitar essa gratuidade do Senhor Deus. Por isso, a fé é sempre levantar-se e sempre partir para buscar Alguém, cuja mão nunca apertaremos. O segundo ato da fé consiste em aceitar com paz essa viva frustração.

* * *

Entretanto, se o Pai é um mistério inacessível, é, também, um mistério fascinante. Se alguém se aproxima dele, ilumina e aquece. Se se aproximar mais ainda, incendiará. A Bíblia é um bosque de homens incendiados.

Não podemos olhar seu rosto, diz a Bíblia. Em outras palavras, Deus não pode ser dominado intelectualmente enquanto estamos peregrinando por este mundo. Também não o podemos possuir vitalmente. Isso só será possível quando tivermos passado as fronteiras da morte. Enquanto estamos a caminho, se uma pessoa conseguisse "olhá-lo no rosto", morreria (cf. Ex 35,19-23).

Em outras palavras, o Senhor Deus não pode entrar no processo normal do conhecimento humano. Todas as palavras que aplicamos ao Senhor para entendê-lo, ou melhor, para que nós entendamos quem é o Senhor Deus, são semelhanças, analogias, aproximações. Por exemplo, quando dizemos que Deus é pai, deveríamos acrescentar imediatamente que não é exatamente pai. É mais do que pai, ou melhor, é algo mais que um pai.

Nós sabemos, por exemplo, o que significa na linguagem humana a palavra *pessoa*. Para entendermos quem e como é nosso Deus, tomamos o conteúdo da palavra *pessoa*, transportamos esse conteúdo e o aplicamos a Deus, dizendo: Deus é pessoa. Mas Deus não é exatamente pessoa, embora, em certo sentido, seja uma pessoa. Numa palavra, Deus não cabe nas palavras. Todas as palavras referentes a ele deveriam aparecer em forma negativa, como imenso, infinito, invisível, inefável, incomparável... É isso que a Bíblia quer dizer quando afirma que não podemos "olhar seu rosto".

Nosso Deus, portanto, está sempre muito além das palavras e também de nossos conceitos. Ele é *absolutamente outra coisa*, ou absolutamente absoluto. Falando com exatidão, Deus não pode ser objeto de intelecção, mas apenas objeto da fé. Quer dizer, Deus, a gente o acolhe; não dá para entender. E se "entende" melhor quando se acolhe de joelhos.

\* \* \*

Sabemos que o Pai sempre está conosco, mas nunca nos dará a mão, ninguém olhará seus olhos. São comparações. Em palavras mais simples, repetimos – quer dizer – que o Pai é absolutamente diferente de nossas percepções, concepções, ideias e expressões... Quer dizer que uma coisa é a palavra Deus e outra, o *próprio Deus*. Queremos dizer que as palavras nunca abarcarão a imensidade, amplitude e profundidade do mistério total de nosso querido Pai.

Por isso, na Bíblia, Deus é aquele que não pode ser nomeado. Existem três perguntas que, no contexto bíblico, encerram idêntico conteúdo: Quem és? O que és? Como te chamas? Na montanha, Moisés pergunta a Deus qual o seu *nome*. E Deus responde com o verbo *ser*. Como te *chamas? Sou o que sou* (cf. Ex 3,14), respondeu Deus, evasivamente. Ele é, exatamente, o Sem-Nome, o Inefável. Dessa maneira, a Bíblia expressa admiravelmente a transcendência de Deus. Em outro momento, quando perguntaram a Deus o seu nome, ele respondeu significativamente: "Para que quereis saber meu nome? É misterioso" (cf. Jz 13,18).

\* \* \*

Nossa vida de crentes é um caminhar pelo mundo, buscando o mistério do Pai entre penumbras. Nesta terra podemos encontrar pegadas dele, meio apagadas, nunca o seu rosto.

As estrelas fulgurantes, em uma noite profunda, podem *evocar o mistério do Pai*, mas o próprio Pai está muito além das estrelas e, também, muito aquém. *A música, as flores, os pássaros, podem evocar Deus.* Mas o próprio Deus está muito além de tudo isso.

Ninguém viveu jamais em tanta familiaridade com todas as irmãs criaturas como Francisco de Assis. Todas as criaturas eram, para ele, teofania ou transparência de Deus. Mas quando Francisco queria encontrar-se com o mesmíssimo Deus, embrenhava-se nas cavernas solitárias e escuras.

## *Rastros*

Deus está além e acima de nossas dialéticas, processos mentais, representações intelectuais, induções e deduções. Por isso, nossa fé é uma peregrinação, porque temos que continuar buscando o rosto do Pai entre sombras profundas.

Às vezes, vemos os rastros de pés que passaram por esta areia e dizemos: por aqui passou alguém. Podemos até acrescentar que era um adulto ou uma criança. São os vestígios. Dessa maneira vamos descobrindo o mistério de Deus sobre a terra. Outras vezes, nós o conhecemos por deduções e dizemos: isto não tem explicação possível se não admitirmos uma inteligência criadora. Nosso caminhar pelo mundo da fé é, pois, por caminhos de analogias, evocações e deduções.

Será que um cego de nascimento poderia adivinhar a cor de uma chama de fogo? As cores nunca entraram em sua mente. Por isso não saberá identificar, reconhecer e discernir as cores. As cores o transcendem. Poderá a retina captar, alguma vez, o menor fulgor da majestade de Deus? Ele não pode entrar em nosso jogo, na roda de nossos sentidos. Ele está acima. Está em outra órbita. Transcende-nos. Nosso Pai é um Deus imortal e vivo sobre quem jamais cairão nem a noite, nem a morte, nem a mentira. Nunca será atingido pelo som, a luz, o perfume ou as dimensões.

* * *

Não pode ser conquistado pelas armas da inteligência. Conquistar a Deus consiste em deixar-se conquistar por ele. Podemos assumir e acolher a Deus. Numa palavra, o Senhor Deus é, fundamentalmente, objeto de fé. Não podemos "agarrar" Deus: é impossível dominá-lo intelectualmente. Somos caminhantes. Sempre partimos e nunca chegamos.

Por isso, para os homens da Bíblia, Deus não é um divertimento intelectual. É Alguém que produz tensão, gera drama. Na Bíblia, o homem sempre lutou com Deus. Mas que contraste! Para triunfar neste singular combate, é preciso permitir ser atacado e vencido, como Jacó naquela noite.

Em razão disso, o Senhor Deus sempre chama os seus homens para esse combate, na solidão das montanhas, desertos e cavernas: para o Sinai, para a torrente de Querit, o

Monte Carmelo, o Monte das Oliveiras, o Monte Alverne, a gruta de Manresa...

## *Insatisfação e nostalgia*

Houve Alguém que chegou à Casa do Pai e nos disse que o Pai é como uma esmeralda que emite uma luz diferente da nossa luz. E é de tal resplendor que vale a pena vender todas as coisas para poder possuir esse tesouro. E diante de nossos olhos assombrados, o enviado Jesus nos apresentou o Pai como um crepúsculo belíssimo, como um amanhecer resplandecente, e acendeu em nossos corações a fogueira de infinitas saudades dele.

Veio dizer-nos que o Pai é muito maior, mais admirável, magnífico e incomparável do que tudo que poderíamos pensar, sonhar, conceber ou imaginar. "Os olhos nunca viram, os ouvidos não ouviram e o coração humano jamais poderá imaginar o que Deus preparou para aqueles que o amam" (1Cor 2,9). Aquele que é devorado pelas saudades é um caminhante.

Antes da vinda de Jesus, Deus tinha modelado o homem segundo a sua própria medida. Colocou a sua marca em nosso interior. Fez-nos como um poço de infinita profundidade, que não se pode encher com infinitas coisas, mas que só pode ser plenificado por um Infinito. Todas as faculdades e sentidos do ser humano podem estar satisfeitos, mas o *ser humano* nunca fica insatisfeito. Também o insatisfeito é um caminhante.

\* \* \*

O homem é um ser estranho entre os seres da Criação. Sentimo-nos como eternos exilados, devorados pelas saudades infinitas de Alguém que nunca vimos, de uma Pátria em que jamais habitamos. Estranhas saudades!

Enquanto a pedra, o carvalho e a águia se sentem plenos e não aspiram a nada mais, o homem é o único ser da criação que pode sentir-se insatisfeito, frustrado. Embaixo de nossas satisfações arde a fogueira de uma profunda insatisfação. Às vezes, é como o fogo meio apagado debaixo das cinzas. Outras vezes transforma-se em uma chama devoradora. Essa insatisfação é a outra face das saudades de Deus e nos torna caminhantes que buscam o rosto do Pai. Essa insatisfação é, pois, para o ser humano, maldição e bênção.

Quem é o ser humano? É uma chama viva erguida para as estrelas, sempre disposto a levantar os braços para suspirar: "Ó Pai!". Ou uma criança que sempre grita: "Estou com fome, estou com sede!". Sempre sonha com terras que estão além de seus horizontes, em astros incendiados que estão além de suas noites. Um peregrino do absoluto, como diria Leon Bloy.

*Deserto*

Crer, portanto, é um eterno caminhar por ruas escuras e quase sempre vazias, porque o Pai está sempre no meio de sombras espessas. A fé é isto, precisamente isto: peregrinar, subir, chorar, duvidar, esperar, cair e levantar-se, e sempre caminhar como os seres errantes que não sabem onde dormirão hoje e o que comerão amanhã. Como Abraão, como Israel, como Elias, como Maria.

Símbolo dessa fé foi a travessia que Israel fez do Egito para a terra de Canaã. Esse deserto, que os blindados modernos atravessam hoje em dia em poucas horas, foi para Israel quarenta anos de areia, fome, sede, sol, agonia e morte.

Israel saiu do Egito e se internou no deserto, entre montanhas rochosas e areias. Havia dias em que a esperança, para Israel, estava morta, e os horizontes, fechados. Então Deus tomava a aparência de uma sombra deliciosíssima, em forma de nuvem, que os cobria contra os raios cortantes e ardentes do sol. Às vezes, nessa peregrinação, Deus é assim: quando seu Rosto se transforma em Presença, não há no mundo doçura maior que Deus.

Outras vezes, para Israel, a noite era negra e pesada. Israel sentia medo e não via nada. Deus então se fazia Presença, em forma de uma tocha de estrelas, e a noite brilhava como o meio-dia, e o deserto se transformava num oásis. Mas a peregrinação, normalmente, é um deserto.

* * *

Assim acontece também em nossa própria peregrinação. Às vezes temos a impressão de que nada depende de nós. De repente, irrompem as primaveras e resplandecem os dias. Ao entardecer, nuvens negras cobrem o céu, e de noite o firmamento fica sem estrelas.

Assim caminha nossa vida. Hoje nos sentimos seguros e felizes, porque brilha sobre nós o sorriso de Deus. Hoje a tentação não nos há de vencer. Amanhã o sol se esconde e nos sentimos frágeis como um caniço, e qualquer coisa nos irrita. Devora-nos a inveja. Temos vontade de morrer. Sentimo-nos como filhos infiéis e infelizes que gritam: "Ó Pai, vem depressa. Dá-nos a tua mão!".

Nesta vida de fé, para os peregrinos que buscam, *de verdade*, o rosto de Deus, não há coisa mais pesada do que a ausência do Pai – embora aos olhos da fé, que veem o essencial, ele esteja sempre presente. E não existe doçura mais inebriante do que o rosto do Pai quando começa a aparecer por trás das nuvens.

## *Crise*

Em Cadesh Barne, Israel se viu preso entre a areia e o silêncio. Sentiu de perto que o deserto podia ser o seu túmulo. Em torno dele levantaram-se, altas e ameaçadoras, as sombras do desalento, do medo e do desejo de voltar atrás. O silêncio de Deus caiu sobre eles como a pressão de cinquenta atmosferas. Assustados, os peregrinos da fé começaram a gritar: "O Senhor está no meio de nós, ou não?" (Ex 17,7).

Quando os discípulos escutaram as palavras de Jesus a respeito da Eucaristia, pensaram que fossem palavras de um louco. Quem pode comer carne humana? E disseram: "Isso é insuportável, o Mestre perdeu a cabeça, vamos embora". E o abandonaram (cf. Jo 6,66).

Abraão, Gedeão e outros combatentes de Deus, quando sentem ao seu redor apenas escuridão, silêncio e vazio, buscam impacientemente um apoio sólido, porque têm a impressão de tatear nas sombras, navegando em águas subjetivas, e pedem a Deus uma mão para não naufragar, um "sinal" para não sucumbir (cf. Gn 15,8; Jz 6,17; 1Sm 1,1-7).

Assim é nossa vida. Às vezes nos sentimos como crianças perdidas na noite. Cai o desalento e o medo sobre nossas almas. Sentimo-nos abandonados, solitários. Começamos a duvidar se, por trás do silêncio, o Pai estará realmente junto de nós. Entramos em crise e começamos a nos perguntar se as palavras contêm alguma consistência. Viver a fé é uma peregrinação fatigante, como a travessia de uma noite.

*Amanhecer*

Mas vai chegar o dia da nossa morte. Nesse dia acabará a peregrinação, chegará a libertação, e contemplaremos eternamente o Rosto do Pai, resplandecente.

A fé morrerá como um velho candeeiro de cuja luz não vamos precisar mais. Morrerá também a esperança, como uma nave poderosa e esbelta que nos trouxe, navegando através de ondas, noites e tormentas, até o porto prometido. Agora temos que nos internar terra adentro, cada vez mais fundo, nas regiões infinitas de Deus, e a nave ficará aqui.

Ficam apenas o Amor, a Vida, a Pátria infinita de Deus. Agora só falta viver, para sempre, submersos, invadidos e compenetrados pelo resplendor de uma Presença que cobrirá tudo e encherá tudo, e repetiremos eternamente: "Ó Pai infinitamente amante e infinitamente amado!". Estas palavras nunca haverão de envelhecer.

## FELIZ DE TI QUE ACREDITASTE

A vida de Maria não foi uma turnê turística. Em uma viagem turística sabemos em que restaurante almoçaremos, em que hotel vamos dormir, que museus vamos visitar amanhã. Tudo está previsto e não há possibilidades de surpresas.

A vida de Maria não foi assim. A Mãe, também ela, foi caminhante. Percorreu as mesmas estradas, e em seu caminhar houve as características típicas de uma peregrinação: sobressaltos, confusão, perplexidade, surpresas, medo, fadiga... Mais do que tudo, houve interrogações: "Que é isso? Será mesmo? E agora, que vamos fazer? Não vejo nada. Está tudo escuro".

*Entre penumbras*

> Seu pai e sua mãe estavam admirados
> com as coisas que dele foram ditas.
> (Lc 2,33)

> Mas eles não entenderam
> as palavras que lhes dissera.
> (Lc 2,50)

Desde os dias de Moisés, havia uma lei segundo a qual todo primogênito masculino – "de homem ou animal" – era propriedade especial do Senhor. O primogênito animal era oferecido em sacrifício e o primogênito homem era resgatado por seus pais, por um preço estipulado na lei. De acordo com as mesmas ordenações levíticas, que remontavam aos dias do deserto, a mulher que tinha dado à luz ficava "impura" por um período determinado e tinha que se apresentar no templo para ser declarada "pura" pelo sacerdote que estava de serviço.

Era por isso que Maria estava com o menino nos braços no templo de Jerusalém, junto à porta de Nicanor, na ala leste do átrio das mulheres. Levado pelo Espírito Santo, apresentou-se no meio do grupo um venerável ancião. Sua vida tinha sido uma chama sustentada pela esperança. E estava a ponto de se extinguir.

O venerável ancião tomou o menino dos braços de sua mãe e, dirigindo-se aos peregrinos e devotos, disse-lhes umas palavras estranhas: "Adoradores de Javé! Este que vocês veem em meus braços é o esperado de Israel. É a luz que brilhará sobre todas as nações. Todos tomarão partido diante dele, uns a favor e outros contra. Haverá ressurreição e morte, ruína e restauração. Agora já posso fechar meus olhos, já posso morrer em paz, porque minhas esperanças se cumpriram".

Qual foi a reação de Maria diante dessas palavras? A mãe ficou muda, "admirada" com tudo que se dizia (cf. Lc 2,33). Era tudo tão estranho... Estava admirada? Sinal de que ignorava alguma coisa e de que não entendia tudo a respeito do mistério de Jesus. A admiração é uma reação psicológica de surpresa diante de algo desconhecido e inesperado.

\* \* \*

Já antes tinha acontecido um episódio semelhante. Foi uma noite de glória. Alguns pastores estavam, por turno, guardando suas ovelhas. De repente, um resplendor divino envolveu-os como uma luz, viram e ouviram coisas nunca imaginadas. Disseram-lhes que tinha chegado o Esperado e que, por isso, havia alegria e canto. Convidaram-nos a fazer uma visita de cortesia e, para identificar o Esperado que tinha vindo, os sinais seriam estes: uma manjedoura e faixas (cf. Lc 2,8-16).

Foram depressa e encontraram Maria, José e o Menino. E lhes contaram o que tinham visto naquela noite.

O evangelista acrescenta: "Todos os que ouviram os pastores ficavam admirados com aquilo que contavam" (Lc 2,18). Quem eram esses "todos" que ouviam, que ficaram tão admirados? Basta retroceder dois versículos: "encontraram Maria, José e o Menino" (cf. Lc 2,16). Eram eles que estavam admirados.

\* \* \*

Foram dias de agitação e sobressalto, procurando o menino, durante vários dias. Afinal o encontraram no Templo. A mãe teve um desabafo emocional, um "que fizeste conosco?" que foi uma válvula de escape para a energia acumulada durante aqueles dias.

A resposta do menino foi seca, cortante e distante. "Por que se preocupam comigo? Uma grande distância me separa de vocês. Meu pai? Meu Pai é minha única ocupação e preocupação". Foi uma verdadeira declaração de independência: comprometido única e totalmente com o Pai.

Que fez Maria? Ficou paralisada, sem entender nada (cf. Lc 2,50), navegando num mar de escuridão, pensando no que poderiam significar aquelas palavras e, sobretudo, aquela atitude.

* * *

Essas três cenas indicam claramente que os atos e palavras de Jesus, isto é, sua natureza transcendente, não foram inteiramente compreendidos pela Mãe ou, ao menos, não foram imediatamente assimilados.

A informação sobre a estranheza (cf. Lc 2,18; 2,33) e ignorância (cf. Lc 2,50) de Maria só pode ter saído da boca de Maria. A comunidade, que a venerava tanto, jamais teria dito, por sua própria conta, coisas que diminuíssem a grandeza e a veneração pela Mãe. Isso indica que essa informação se ajusta rigorosamente à objetividade histórica e que a informação só pode ter saído dos lábios de Nossa Senhora.

Entre parênteses, a cena é profundamente impressionante: a Mãe, no seio da comunidade, explicando a um grupo de discípulos, com naturalidade e objetividade, que não entendeu estas palavras, que se surpreendeu com aquelas... A Mãe foi comovedoramente humilde. Maria foi, fundamentalmente, humilde.

Não é exato dizer que Maria foi invadida por uma poderosa infusão de ciência. E que, por via de permanentes e excepcionais gratuidades, dissiparam-se todas as suas dúvidas, descerraram-se todos os véus, abriram-se todos os horizontes; e que, desde pequena, sabia tudo o que dizia respeito à história da salvação, e tudo o que se referia à pessoa e ao destino de Jesus.

Isso é contra o texto e o contexto dos Evangelhos.

Essa é a razão por que muitos fiéis sentem um "não sei quê" de respeito por Maria. Idealizaram-na tanto, mitificaram-na e a colocaram tão fora de nosso alcance, tão fora de nossos caminhos, que muita gente sentia, sem saber explicar, uma reserva íntima diante daquela mulher mágica, essencialmente idealizada.

A vida de Maria não foi turismo. Como todos nós, ela foi descobrindo o mistério de Jesus Cristo, com a atitude típica dos *pobres de Deus*: abandono, busca humilde, disponibilidade confiante. Também a Mãe teve de ir peregrinando entre ruas vazias e vales escuros, buscando pouco a pouco o Rosto e a vontade do Pai. Como nós.

\* \* \*

No Evangelho de Marcos existe um estranho episódio cheio de mistério. O contexto dessa narração pareceria indicar que a Mãe não entendia com suficiente clareza a personalidade e o destino de Jesus, ao menos nos primeiros tempos de evangelização. Que aconteceu?

Pelos três primeiros capítulos de Marcos, poderíamos deduzir que a atuação inicial de Jesus sobre as cidades da Galileia foi deslumbrante. Isso ocasionou uma viva discussão e uma consequente divisão a respeito de Jesus, entre os judeus e também entre seus parentes (cf. Jo 10,19).

Não há dúvida de que Jesus manifestava uma personalidade estranha, mesmo para seus próprios parentes, até chegarem a dizer que tinha perdido a cabeça (cf. Mc 3,21) diante do poder dos seus prodígios e palavras. O fato é que, certo dia, seus parentes decidiram tomar conta dele e levá-lo para casa. Pelo contexto geral do capítulo terceiro de Marcos, poder-se-ia deduzir que a pessoa que liderava o grupo de parentes que o queria levar para casa era a própria Maria (cf. Mc 3,20-22; 3,31-35).

Pela natureza psicológica dessa atitude, poderíamos concluir que, nesse tempo, Maria não tinha conhecimento exato da natureza de Jesus. De que se tratava realmente? Será que Maria participava, em algum grau, daquela desorientação dos parentes, em virtude da manifestação poderosa de Jesus? Também Maria era uma das pessoas que queria levá-lo para casa ou, simplesmente, queria cuidar dele, porque Jesus não tinha tempo nem para comer (cf. Mc 3,20)?

Chegamos outra vez à mesma conclusão: Maria percorreu na fé os mesmos caminhos que nós. Também ela precisou buscar, entre sombras, o verdadeiro Rosto de Jesus.

\* \* \*

Nas bodas de Caná, observamos que Maria já deu passos definitivos no conhecimento do mistério profundo de Jesus. Em sua primeira reação, Maria moveu-se em uma órbita meramente humana. Apresenta-se como uma mãe que tem ascendência sobre o filho, sente-se em comunhão com ele e procede como quem se sente segura de conseguir um grande favor.

> Maria crê que vive em comunhão com seu Filho, mas se encontra sozinha.
> Depois, quando se viu fora daquela comunhão, entrou em uma nova comunhão com ele, na comunhão da fé: "Fazei o que ele vos disser". Não importa o que ela diz, mas o que ele diz, embora Maria não conhecesse ainda qual seria a decisão de Jesus.[1]

Nesse momento, tudo já está claro para Maria. Não importa que sua glória materna tenha sido ferida. Maria já sabe, nesse momento, que para Jesus tudo é possível, conceito que a Bíblia reserva unicamente para Deus.

> Se Maria não pôde levar Jesus a uma decisão em virtude de seu direito maternal, conseguiu-o em virtude de um direito superior que recebeu pela comunhão de sua fé. Sua fé é autêntica, já que não é uma pretensão, nem uma exigência, mas confiança naquele que faz tudo o que quer e quando chega a hora, porque assim deve ser.[2]

João acrescenta significativamente que, depois desse episódio, Maria desceu com ele para Cafarnaum (cf. Jo 2,12). Que quer dizer com isso? Que Maria deixa de ser mãe para começar a ser discípula? Significa que, ao ver aquele prodígio, afastaram-se todas as suas sombras? Que superou a alternância entre claridades e escuridões? Que entrou definitivamente na claridade total?

## *Entre a luz e a escuridão*

O que existe entre a luz e a escuridão? A penumbra, que é uma mistura de luzes e sombras. De acordo com os

---
[1] Schelkle, op. cit., p. 74.
[2] Ibid., p. 76.

textos evangélicos, essa foi a vida de Maria: uma navegação por um mar de luzes e sombras.

No dia da anunciação, se nos ativermos às palavras então pronunciadas, Maria tinha conhecimento completo e cabal daquele que floresceria em seu silencioso seio, Jesus: "será grande, será chamado Filho do Altíssimo; seu reino não terá fim" (cf. Lc 1,32).

É certo que a esplêndida visitação de Deus, nesse dia, acarretou uma infusão extraordinária de luzes e de ciência. É principalmente certo que a inundação pessoal e fecundante do Espírito Santo foi acompanhada de seus dons, particularmente do espírito de sabedoria e inteligência. À luz penetrante dessa presença única do Espírito Santo, nesse dia, Maria via tudo muito claro.

Em contraste com isso, pelos textos que acabamos de analisar anteriormente, vemos que Maria, mais tarde, não entendia algumas coisas e estranhava outras. Pois bem, se no dia da anunciação Maria compreendeu completamente a realidade de Jesus e, pouco depois, ao que parece, não entendia essa mesma realidade, que teria acontecido? Haveria alguma contradição? O evangelista redator teria sido mal informado?

\* \* \*

Para mim, esse fundo escuro e contraditório está cheio de grandeza humana. E dessa escuridão Maria emerge mais brilhante que nunca. A Mãe não foi nenhum demiurgo, isto é, um fenômeno estranho, entre deusa e mulher. Foi uma criatura como nós; uma criatura excepcional, é claro! Mas por ser excepcional não deixava de ser criatura, e percorreu todos os nossos caminhos humanos, com suas emergências e encruzilhadas.

É preciso colocar Maria em nosso processo humano. O que acontece conosco pode ter acontecido com ela, salvando sempre sua alta fidelidade ao Senhor Deus.

Que sucede entre nós? Pensemos, por exemplo, nos consagrados a Deus pelo sacerdócio ou pela vida religiosa. Um dia, faz tempo, na flor de sua juventude, experimentaram vivamente a sedução irresistível de Jesus Cristo. Naqueles dias, a evidência era como um meio-dia azul: era Deus quem chamava, e chamava para a missão mais sublime. Isso era tão claro que embarcaram com Jesus Cristo para a mais fascinante aventura.

Passaram-se muitos anos. E quantos daqueles consagrados vivem confusos hoje em dia, pensam que Deus nunca os chamou, que a vida consagrada não tem mais sentido. Como é que aquilo que já foi espada fulgurante pode parecer hoje ferro enferrujado? É preciso pôr os pés no chão: somos assim.

Cansaram-se. Ele dizia que ela era a estrela mais esplêndida do firmamento. Ela dizia que nem com a lanterna de Diógenes não se encontraria no mundo um homem como ele. Todos diziam que um tinha nascido para o outro. Por alguns anos, foram felizes. Depois, a rotina penetrou em suas vidas como uma sombra maldita. Hoje arrastam uma existência pesada. Os dois acham que deviam ter casado com outra pessoa. Como é que passou a ser sombra o que um dia era luz? É preciso partir disto: nós somos assim. Não somos geometria. O ser humano não é feito de linhas retas.

Somos assim: algumas seguranças e uma montanha de inseguranças. De manhã vemos claro, ao meio-dia duvidamos e à tarde está tudo escuro. Em um ano aderimos a uma causa, e no outro ano estamos decepcionados com ela.

* * *

Por essa linha humana, ondulante e oscilante, poderíamos explicar por que Maria enxergava claro em determinada época e, quanto parece, já não via claro em outra época.

Seria desonroso para a Mãe pensar que também ela "sentiu" o peso do silêncio de Deus? Seria indecoroso pensar que a Mãe foi dominada primeiramente pela decepção, depois pela confusão e finalmente pela dúvida, em determinado período de sua vida?

No dia da anunciação, pelo tom solene daquelas palavras, parece que se prometia um caminhar à luz inextinguível de prodígios. Mas pouco depois estava solitária e abandonada na hora de dar à luz. Teve que fugir como simples fugitiva política e viver sob céus estranhos. Durante trinta intermináveis anos não houve novidades: reinaram apenas a monotonia e o silêncio.

Com que ficamos? Com o que parecia certo no dia da anunciação ou com a realidade atual, dura e fria? Sua alma não teria sido jamais perturbada pela perplexidade? Por que não poderia ter acontecido com ela o que aconteceu conosco?

## *Guardava e meditava essas coisas (Lc 2,19)*

Que fazia a Mãe, em tais apuros? Ela mesma nos diz: agarrava-se às palavras do passado, para poder manter-se em pé agora.

Aquelas palavras eram lâmpadas. E a Mãe mantinha essas lâmpadas sempre acesas: guardava-as diligentemente e as meditava em seu coração (cf. Lc 2,19; 2,50). Não eram folhas mortas, mas recordações vivas. Quando os acontecimentos do presente pareciam enigmáticos e desconcertantes, as lâmpadas acesas das lembranças antigas iluminavam a escuridão perplexa da atualidade.

Assim a Senhora foi avançando entre luzes antigas e sombras presentes até a claridade total. Os diversos textos evangélicos, e seu contexto geral, indicam claramente que a "compreensão" do mistério transcendente de Jesus, por parte de Maria, foi a Mãe, realizando-a mediante uma inquebrantável adesão à vontade de Deus que se ia manifestando nos novos acontecimentos.

* * *

É o mesmo que acontece conosco. Muitas almas tiveram, em outras épocas, visitas gratuitas de Deus; experimentaram vivamente sua presença, receberam graças infusas e gratuidades extraordinárias, e esses momentos ficaram marcados, como feridas vermelhas, em suas almas. Foram momentos embriagadores.

Passam-se os anos. Deus se cala. Essas almas são assaltadas pela dispersão e tentação. A monotonia invade-as. Prolonga-se obstinadamente o silêncio de Deus. Essas almas têm que se agarrar, quase que desesperadamente, à lembrança daquelas experiências vivas, para não sucumbirem agora.

A grandeza de Maria não está em imaginarmos que ela nunca foi assaltada pela confusão. A grandeza comovedora da Mãe está no fato de que, quando não entende alguma coisa, ela não reage angustiada, impaciente, irritada, ansiosa e assustada.

Por exemplo, Maria não enfrenta o rapazinho de doze anos: "Meu filho, não entendo nada. Que é que está acontecendo? Explique-me depressa essa atitude". Maria não diz a Simeão: "Venerável ancião, que espada é essa? Por que este menino terá que ser bandeira de contradição?".

Em vez disso, a Mãe toma a atitude típica dos *pobres de Deus*: cheia de paz, de paciência e doçura, toma as palavras, recolhe-se em si mesma e permanece interiorizada, pensando: "Que querem dizer essas palavras? Qual será a vontade de Deus em tudo isso?" A Mãe é como essas flores que se fecham quando desaparece a claridade do sol; dobra-se interiormente e, cheia de paz, vai-se identificando com a vontade desconcertante de Deus, aceitando o mistério da vida.

* * *

Também nós, de repente, nos parecemos com as criaturas de Prometeu. Emergências dolorosas nos envolvem e se enroscam em nós como serpentes implacáveis. Tudo parece fatalidade cega. Caem sobre nós uma desgraça depois da outra, com tanta surpresa quanto brutalidade. A traição nos espreita nas sombras e – quem diria? – dentro de nossa própria casa. Às vezes nos sentimos cansados da vida e com vontade de morrer.

Que adianta resistir ao impossível? Nesses momentos, temos que agir como Maria: fechar a boca e ficar em paz. Nós não sabemos nada. O Pai sabe tudo. Se pudermos fazer alguma coisa para mudar os acontecimentos, façamo-lo. Mas para que lutar contra a realidade que não podemos mudar?

A Mãe pode apresentar-se dizendo-nos: "Meus filhos, eu sou o caminho. Venham comigo, façam como eu fiz.

Sigam a mesma estrada da fé que eu percorri e pertencerão ao povo das bem-aventuranças: felizes os que, no meio da escuridão da noite, acreditaram no resplendor da luz!".

# PARA O INTERIOR DE MARIA

*Entregar-se*

Crer é confiar. Crer é permitir. Crer, principalmente, é aderir, entregar-se; numa palavra, crer é amar. Que vale um silogismo intelectual se não atinge nem compromete a vida? É como uma partitura sem melodia.

Crer é "andar na presença de Deus" (cf. Gn 17,1). A fé é, ao mesmo tempo, um ato e uma atitude que agarra, envolve e penetra tudo o que a pessoa humana é: sua confiança, sua fidelidade, seu assentimento intelectual e sua adesão emocional. Compromete a história inteira de uma pessoa: com seus critérios, atitudes, conduta geral e inspiração vital.

Tudo isso se realizou exatamente em Abraão. Pai e modelo de fé, Abraão recebe uma ordem: "Sai de tua terra"; e uma promessa: "Farei de ti o pai de um grande povo" (cf. Gn 12,1-4). Abraão acreditou. O que significou esse acreditar? Na prática, foi o mesmo que passar um cheque em branco para Nosso Senhor, ter aberto para ele um crédito infinito e incondicional, confiar contra o senso comum, esperar contra a esperança, entregar-se cegamente e sem cálculos, romper com uma ordem estabelecida e, aos 75 anos, "pôr-se a caminho" (Gn 12,4) na direção de um mundo incerto "sem saber para onde ia" (Hb 11,8). Isso é crer: entregar-se incondicionalmente.

A fé bíblica é isto: adesão ao próprio Deus. A fé não é uma referência direta a dogmas e verdades sobre Deus. É um entregar-se à sua vontade. Não é principalmente um processo intelectual, um saltar de premissas a conclusões, nem fazer combinações teológicas embaralhando alguns conceitos ou pressupostos mentais. Acima de tudo, é uma atitude vital.

Trata-se concretamente, repetimos, de uma adesão existencial à pessoa de Deus e à sua vontade. Quando existe essa adesão integral ao mistério de Deus, as verdades e dogmas referentes a Deus são aceitos com toda a naturalidade, e não há conflitos intelectuais.

## *Homens de fé*

No capítulo 11 da Carta aos Hebreus, há uma análise descritiva – em certo sentido, uma psicanálise – da natureza vital da fé. É um dos capítulos mais impressionantes do Novo Testamento: parece uma galeria de figuras imortais, que desfilam diante de nossos olhos assombrados. São figuras egrégias, lavradas pela fé adulta, homens indestrutíveis que possuem uma envergadura interior que assombra e espanta, capazes de enfrentar situações sobre-humanas, contanto que não se apartem de seu Deus.

Esse capítulo nos recorda, em cada versículo, com um *ritornello ostinato*, que tanta grandeza deve-se exclusivamente à adesão incondicional desses homens ao Deus vivo e verdadeiro: na fé, pela fé, aconteceu por sua fé, repete-se a cada momento.

\* \* \*

Surgem os patriarcas, dormindo em tendas de grandes planícies sobre a areia. Pela fé, vivem errantes em um deserto ardente e hostil. Têm de morar sempre em terras estranhas, onde os habitantes olham-nos com receio (cf. Hb 11,8-13).

Pela fé, outros enfrentaram feras, estrangularam leões, silenciaram a violência devoradora das chamas e não sei como, conseguiram desaparecer quando a espada inimiga estava sobre suas gargantas. Pela fé recuperaram vigor em sua debilidade, e um punhado de homens, armados de fé adulta, puseram em humilhante fuga exércitos poderosos em ordem de batalha (cf. Hb 11,33-35).

Pela fé, a fim de não faltar para com Deus, receberam a morte violenta em paz e sem resistir. Pela fé, alguns aceitaram as injúrias em silêncio, outros suportaram quarenta açoites menos um, sem se queixar. Pela fé, preferiram as correntes de uma prisão à liberdade da rua. Para não se separarem de seu Deus, receberam uma chuva de pedras, sem protestar.

Pela fé, acabaram suas vidas, uns cortados ao meio por uma serra, outros passados à espada. Para não faltar com seu Deus, viveram errantes e fugitivos, subindo montanhas, percorrendo desertos, vestiram-se com peles de ovelhas e de cabras – simulando figuras alucinantes – para desorientar os perseguidores; esconderam-se em grutas e cavernas, perseguidos, esfomeados, oprimidos e torturados (cf. Hb 11,35-39).

Todo esse inesquecível espetáculo foi obra da fé. Mas não da fé como uma colocação intelectual ou um silogismo. Fizeram tudo isso para não se separarem de seu Deus vivo e verdadeiro. Sua fé era adesão cheia de amor ao seu Deus. Nem a morte nem a vida – dirá São Paulo –, nem as autoridades nem as forças de repressão, nem inimigos visíveis ou invisíveis, nem as alturas, nem as profundidades, nada nem coisa alguma deste mundo será capaz de me separar do amor de Jesus Cristo meu Senhor (cf. Rm 8,38-40).

## *Declaração*

A meu ver, as palavras mais preciosas da Escritura são estas: "Eis aqui a serva do Senhor! Faça-se em mim segundo a tua palavra" (Lc 1,38). Essa declaração é a chave para radiografar a alma de Maria e captar suas vibrações mais íntimas.

De Maria sabemos pouco, mas sabemos o suficiente. Bastaria aplicar à Mãe o Espírito e o alcance dessa declaração em todos os instantes de sua vida, e descobriríamos quais foram exatamente suas reações de cada momento.

## *A encantadora*

Nazaré era uma aldeia insignificante no país, ao Norte da Palestina setentrional, com uma fonte no centro da povoação, rodeada por um campo relativamente fértil, destacando-se no vale de Esdrelon. Lá vivia Maria. Segundo os cálculos de Paul Gechter, se partirmos dos costumes daqueles tempos na Palestina, Maria teria nessa época uns 13 anos.[3]

Não podemos comparar nossas meninas de 13 anos com as moças de 13 anos daquele tempo. A parábola do processo vital varia notavelmente de acordo com o clima, época, costumes, índices de crescimento e de longevidade. Basta saber, por exemplo, que naqueles tempos a lei considerava as moças núbeis aos doze anos e que, geralmente,

---

[3] Gechter, op. cit., pp. 139-143.

nessa idade elas eram prometidas em casamento. Em todo caso, Maria era muito jovem.

Apesar de ser tão jovem, as palavras solenes e sublimes que o anjo lhe diz da parte de Deus indicam que Maria possuía uma plenitude interior e uma estabilidade emocional muito superiores e desproporcionais à sua idade.

Com efeito, é significativo que, em sua saudação, o anjo omita o nome próprio de Maria. A perífrase gramatical "cheia de graça" é usada como nome próprio. Gramaticalmente, é um particípio perfeito em sua forma passiva, que poderíamos traduzir mais ou menos como: "Bom-dia, *repleta de graças!*". Falando em linguagem moderna, poderíamos usar neste caso a palavra *encantadora*. Significa que Deus encontrou em Maria um encanto ou simpatia muito especiais.

Estamos, portanto, diante de uma moça que foi objeto de predileção divina. Desde os primeiros momentos de sua existência, antes de nascer, foi preservada do pecado hereditário em que deveria incorrer, e simultaneamente foi como um jardim esmeradamente cultivado pelo Senhor Deus e irrigado com dons, graças, carismas, tudo fora de série.

Por isso recebe a comunicação de que "o Senhor está com ela", expressão bíblica que indica uma assistência extraordinária da parte de Deus. O que não quer dizer, entretanto, que esse tratamento excepcional a tenha transformado em uma princesa celeste, fora de nossa órbita humana. Nunca devemos perder de vista que a Mãe foi uma criatura como nós, embora tratada de maneira especial, por seu destino também especial.

## *Entra o anjo*

Aqui, o que é difícil e necessário, tanto para quem escreve como para quem lê, é colocar-se em estado contemplativo; é preciso parar de respirar; produzir um suspense interior e adentrar, com infinita reverência, a interioridade de Maria.

A cena da anunciação palpita de concentrada intimidade. Para saber como foi, e o que aconteceu ali, é preciso mergulhar nessa atmosfera interior, captar, mais por intuição contemplativa que por intelecção, o contexto vital e a palpitação invisível e secreta de Maria: o que sentia? Como se sentia nesse momento a Senhora?

Como foi? Aconteceu em sua casa? Talvez no campo? Na montanha? Na fonte? Ela estava só? Foi em forma de visão? O anjo tinha forma humana? Foi uma alocução interior, inequívoca? O evangelista diz: "O anjo entrou onde ela estava" (Lc 1,28). Esse "entrou" deve ser entendido no sentido literal e espacial? Por exemplo, como no caso de alguém que chama à porta, com algumas batidas, e depois entra no quarto?

Poder-se-ia entender em um sentido menos literal e mais espiritual? Por exemplo, vamos supor: Maria estava em alta intimidade, abismada na presença envolvente do Pai. Tinham desaparecido as palavras e a comunicação entre a serva e o Senhor fazia-se em profundo silêncio. De repente, esse silêncio foi interrompido. E nessa intimidade a dois – intimidade que, humanamente, é sempre um recinto fechado – "entrou" alguém. Poderíamos explicar assim?

O que sabemos com absoluta certeza é que a vida normal dessa mocinha do campo foi interrompida, de forma surpreendente, por uma visita extraordinária do Senhor Deus.

Maria, diante da aparição e do anúncio do anjo, sente-se perturbada.
Também ela, a cheia de graça, experimentou a proximidade de Deus, com uma força temível e desconcertante.[4]

Foram-lhe feitas duas propostas, cada qual mais assombrosa. Maria não esperava por isso. Ela vivia normal e humildemente abandonada nas mãos de seu Senhor, como a sentinela que aguarda a aurora. Não só não esperava, como ficou completamente confusa com o que aconteceu.

A interpretação de Maria para o duplo prodígio anunciado, conforme o desabafo que teve com Isabel, foi a seguinte: ela, Maria, considerava-se como a mais "humilde" entre as mulheres da terra (cf. Lc 1,48). Se havia alguma coisa de grande nela, não era mérito seu, mas gratuidade e predileção da parte do Senhor. Ora, a sabedoria de Deus escolheu precisamente, entre as mulheres da terra, a criatura mais insignificante para evidenciar e patentear que só Deus é o magnífico. Escolheu-a, carente de dons pessoais e de carismas, para que ficasse evidente aos olhos de todo mundo que as "maravilhas" (cf. Lc 1,49) de salvação não são resultado de qualidades pessoais, mas graça de Deus.

Foi essa a sua interpretação. Estamos diante de uma jovem inteligente e humilde, inspirada pelo Espírito da Sabedoria.

## *Duas propostas*

O primeiro anúncio é que será Mãe do Messias. Esse tinha sido o sonho dourado de toda mulher em Israel, principalmente desde os dias de Samuel. Entre as saudações do

---

[4] Schelkle, op. cit., p. 72.

anjo e essa fantástica proposta, a jovem ficou "perturbada", isto é, confusa, como pessoa que não se sente digna de tudo isso; numa palavra, ficou dominada por uma sensação entre a emoção e a estranheza.

Mas a estranheza de Maria deve ter sido maior ainda diante da segunda notificação: que essa maternidade messiânica haveria de consumar-se sem participação humana, de maneira prodigiosa. Transcender-se-ia todo o processo biológico e brotaria uma criação original e direta, das mãos do Onipotente, para quem tudo é possível (cf. Lc 1,37).

Diante da aparição e dessas inauditas propostas, fica-se pensando como a jovenzinha não se transtornou, não se assustou e não saiu correndo.

A jovem ficou em silêncio, pensando. Fez uma pergunta. Recebeu a resposta. Continuou cheia de doçura e de serenidade. Ora, se uma jovem, envolvida nessas circunstâncias sensacionais, é capaz de manter-se emocionalmente íntegra, estamos diante de uma criatura de equilíbrio excepcional, dentro de um normal parâmetro psicológico. De onde lhe veio tanta estabilidade? O fato de ser imaculada deve ter influído decisivamente, porque os desequilíbrios são em geral resultado perturbador do pecado, isto é, do egoísmo. Mais do que tudo, penso que se deve à profunda imersão de Maria no mistério de Deus, como veremos em outra oportunidade.

Creio que jamais pessoa alguma experimentou, como Maria nesse momento, a sensação de solidão sob o enorme peso da carga imposta por Deus sobre ela e diante de sua responsabilidade histórica. Para saber exatamente o que sentiu a Senhora nesse momento, vamos explicar em que consiste a sensação de solidão.

*Sentir-se só*

Todos nós carregamos, em nossa constituição pessoal, uma faixa de solidão, na qual e pela qual, somos diferentes dos outros. Até essa solidão ninguém chega nem pode chegar.

Nos momentos decisivos estamos sós.

Só Deus pode descer até essas profundidades, as mais remotas e afastadas de nós mesmos. A individualização, o ter consciência de nossa identidade pessoal, consiste em *ser* e *sentir-nos* diferentes uns dos outros. É a experiência e a sensação de "estar aí", como consciência consciente e autônoma.

Vamos imaginar uma cena: estou agonizando no leito de morte. Vamos supor que, nesse momento de agonia, rodeiam-me as pessoas que mais me querem bem neste mundo, procurando *acompanhar-me* com sua presença, palavras e carinho, na hora de fazer a travessia da vida para a morte. Procuram "estar comigo" nesse momento.

Ora, por mais palavras, consolações e carinhos que me prodigalizem esses seres queridos, nesse momento eu "me sinto" só, sozinho. Nessa agonia ninguém está comigo, nem pode estar. As palavras dos familiares chegarão até o tímpano, mas ao longe, lá onde eu sou diferente dos outros, estou completamente solitário, ninguém está "comigo". Os carinhos chegaram até a pele, mas nas regiões mais remotas e definitivas de mim mesmo, ninguém está comigo. Ninguém pode *acompanhar-me na morte*; é uma experiência insubstituivelmente pessoal e solitária.

Essa solidão existencial, que transluz claramente no exemplo da agonia, aparece também, com a mesma claridade, ao longo da vida. Se você sofre um enorme desgosto ou fracasso, virão certamente seus amigos e irmãos que o confortarão e o animarão. Quando eles forem embora, você ficará carregando sozinho o peso do próprio desgosto. Ninguém – a não ser Deus – pode partilhar esse peso. Os seres humanos podem "estar conosco" até certo nível de profundidade. Mas nas profundidades mais definitivas, estamos absolutamente sós.

Repito: nos momentos decisivos estamos sozinhos.

Experimentamos essa mesma solidão existencial vivamente na hora de tomar decisões, na hora de assumir uma alta responsabilidade, em um momento importante da vida. Sentir-se sozinhos, mesmo rodeados de assessores, é o que experimentam um pai de família, um bispo, um médico, um superior provincial, um presidente da República...

Acho que a pessoa mais solitária do mundo é o Santo Padre. Poderá pedir assessoramento, convocar reuniões, consultar peritos... mas na hora de tomar uma decisão importante, diante de Deus e da História, está sozinho. Um casal, na hora de assumir a responsabilidade de trazer uma pessoa a este mundo, está sozinho.

Qualquer um de nós que temos diferentes graus de obrigatoriedade diante de grupos de pessoas confiadas à nossa direção, experimenta vivamente que o peso da responsabilidade é sempre o peso da solidão: numa paróquia, na gerência de uma fábrica, à frente de um movimento sindical...

## *Optar*

A partir dessa explicação, podemos entender a "situação vital" de Maria no momento da anunciação. Maria, jovem inteligente e acostumada a refletir, mediu exatamente sua enorme responsabilidade. Diante dela levantava-se, alta como uma muralha, a responsabilidade histórica. Tinham-lhe feito uma pergunta e ela tinha que responder.

Conforme sua resposta, desequilibrar-se-á a normalidade de sua vida, ela o sabe. Se a jovem responde que não, sua vida transcorrerá tranquilamente, seus filhos crescerão, virão os netos, e sua vida acabará normalmente, no perímetro das montanhas de Nazaré.

Mas se a resposta for afirmativa, acarretará sérias implicações, desencadeando um verdadeiro caos sobre a normalidade de uma existência ordenada e tranquila. Ter um filho antes de casar-se implica, no libelo de divórcio por parte de José, o apedrejamento por adultério, ser socialmente marginalizada, ser estigmatizada com a palavra mais ofensiva para a mulher daquele tempo: *harufá* – a violada.

Além das considerações humanas e sociais, ser mãe do Messias implicava, ela o sabia, entrar no círculo de uma tempestade: ser bandeira de contradição, ter que fugir para o Egito, a perseguição, o desastre do Calvário, caminhos de sangue e dias de lágrimas.

## *O salto*

A jovem mediu a altura e a profundidade do momento histórico. Qual a sua resposta?

Fico impressionado ao pensar: como ela não se partiu emocionalmente sob aquele peso infinito? Como não foi traída por seus nervos? Como não chorou, não desmaiou, não gritou? Como não fugiu espantada? Sobretudo, uma coisa tão natural: como não procurou sua mãe, para pedir uma opinião: "Mamãe, estou em um momento importante e difícil, o que devo responder?".

> Como pôde ela suportar com inteireza, sem cair abatida, e sem se levantar depois com arrogância por ter sido escolhida entre todos os demais seres humanos?
> A carga que lhe fora imposta deveria ser levada com absoluta solidão, incerteza e insegurança, por tratar-se de algo que acontece pela primeira e única vez. E isso diante do grande contraste entre a pobreza da realidade e o esplendor da promessa.[5]

Ficamos abismados e estupefatos diante da infinita humildade, pela enorme maturidade e naturalidade com que Maria assume o Mistério, no meio de uma imensa solidão. A história toda será insuficiente para agradecer e admirar tanta grandeza.

Foi uma cena inenarrável. Maria, consciente da gravidade do momento e consciente de sua decisão, sem consultar ninguém, sem nenhum ponto de apoio humano, sai de si mesma, dá o grande salto, confia, permite, e... *se entrega*.

Uma nuvem de dúvidas e de perguntas poderia ter-se amontoado sobre a jovem: "É verdade que Sara concebeu aos 90 anos, é verdade que minha prima Isabel ficou grávida em idade avançada... mas, no meu caso, toda imaginação foi superada: sem participação humana! Jamais aconteceu coisa semelhante. Todas as normalidades foram ao chão. Será possível? Ninguém pode saber disto, eu sozinha com o segredo no coração e, se a notícia se espalhar, ninguém vai acreditar, nem aceitar, vão dizer que estou

---

[5] Ibid., p. 73.

louca. Quando José souber, o que vai dizer? Meu Deus, o que faço? O que respondo?".

E a pobre moça salta, solitariamente, como adulta na fé, por cima de todas as perplexidades e perguntas e, cheia de paz, humildade e doçura, *confia e se entrega*. "Faça-se!" Está bem, meu Pai.

> Maria expõe-se ao risco e dá o sim de sua vida sem outro motivo senão sua fé e amor.
> Se a fé se caracteriza, precisamente, pela decisão arriscada e pela solidão sob a carga imposta por Deus, a fé de Maria foi única. Ela é o protótipo do crente.[6]

Maria é pobre e peregrina. Com o seu "faça-se" entra na grande aventura de fé adulta. Dando esse passo, decididamente, não poderá voltar atrás. Maria é da estirpe de Abraão, é muito mais que Abraão no monte Moriá. Maria é a filha forte da raça dos peregrinos, que se sentem livres saltando por cima do senso comum, das normalidades e das razões humanas, lançando-se no Mistério insondável e fascinante do Três Vezes Santo, repetindo infatigavelmente: amém, *faça-se*. Ó Mulher Pascal! Nasceu o povo das bem-aventuranças, com a Rainha à frente.

## *A serva*

"Eis aqui a serva do Senhor! Faça-se em mim segundo a tua palavra" (Lc 1,38). Talvez sejam, repetimos, as palavras mais belas da Escritura. É uma temeridade pretender captar e trazer à luz tamanha carga da profundidade contida nessa declaração. Procurarei abrir só um pouquinho as

---

[6] Ibid., p. 73.

portas desse mundo inesgotável, colocando nos lábios de Maria outras expressões acessíveis a nós.

"Anjo Gabriel, que me traz da parte de Deus? Uma tarefa? Uma proposta? Uma pergunta? Se me traz uma pergunta ou uma proposta, saiba que não tenho direitos nem posso tomar iniciativas. Sou uma serva. E uma serva não tem direitos. Os direitos da serva estão nas mãos do seu Senhor. Não compete à serva tomar iniciativas, mas apenas aceitar as decisões do senhor. Anjo Gabriel, diga ao Senhor Deus para se lembrar de que ele é *meu Senhor*, e de que eu não sou mais do que sua *pobre serva*. Diga-lhe que se lembre de que é ele quem toma iniciativas; e que, diante de qualquer coisa que ele decidir, eu responderei invariavelmente: 'De acordo, meu Senhor!'. Sou uma *pobre de Deus*. Sou a criatura mais pobre da terra; por conseguinte sou a criatura mais livre do mundo. Não tenho vontade própria; a vontade de meu Senhor é a minha vontade, sou a servidora de todos. Em que posso servi-los? Sou a Senhora do mundo porque sou a Servidora do mundo."

Quem foi Maria? Foi a mulher que deu um *sim* a seu Senhor, e depois foi fiel a essa decisão até as últimas consequências e até o fim de seus dias. Foi a mulher que deu um cheque em branco, aquela que abriu um crédito infinito e incondicionado a seu Senhor, e jamais voltou atrás ou retirou a palavra. Oh! Mulher fiel!

## *Faça-se em mim*

Até gramaticalmente, Maria usa a forma passiva. Com essa declaração, a Mãe se oferece como um território livre e disponível. E, dessa maneira, a Senhora manifesta uma tremenda confiança, um abandono audaz e temerário nas mãos do Pai, aconteça o que acontecer, aceitando todos os riscos, submetendo-se a todas as eventualidades e emergências que o futuro puder trazer.

Diz Evely que, como num sistema parlamentar, Deus, como poder executivo, apresentou uma proposta, e Maria apoiou essa proposta divina. Essa interpretação não me convence. Parece-me que o *Faça-se* de Maria encerra uma amplitude e uma universalidade muito mais vastas que a aceitação da maternidade divina.

Maria move-se dentro do Espírito dos *pobres de Deus* e, nesse contexto, a meu ver, a Senhora, com o seu *faça-se* não faz referência direta, embora implícita, à maternidade. Além do mais, a maternidade divina constituía uma glória imortal, e aceitá-la era tarefa agradável e fácil. O *faça-se* encerra muito mais profundidade e amplitude: nele palpita alguma coisa como uma consagração universal, um entregar-se sem reservas e limitações, um aceitar com os braços para o alto qualquer emergência querida ou permitida pelo Pai, e que ela, Maria, não pode mudar.

Com o seu *faça-se*, a Senhora dizia, de fato, *amém* à noite de Belém sem casa, sem berço, sem parteira, embora ela não tivesse consciência explícita desses detalhes; *amém* para a fuga ao desconhecido e hostil Egito; *amém* para o silêncio de Deus durante os trinta anos; amém para a hostilidade dos sinedritas; *amém* quando as forças políticas, religiosas e militares arrastaram Jesus na torrente da crucifixão e da morte; *amém* a tudo que o Pai dispusesse ou permitisse e que ela não pudesse mudar.

Numa palavra, a Mãe, com o seu *faça-se*, entra em cheio na caudalosa e profunda corrente dos *pobres de Deus*, os que nunca perguntam, questionam ou protestam, mas se abandonam em silêncio e depositam sua confiança nas mãos todo-poderosas e todo-carinhosas de seu querido Senhor e Pai.

## *Por um caminho de contrastes*

No Evangelho de Lucas, a fé adulta de Maria é como uma melodia de fundo, que desliza suavemente no meio de uma nobre sinfonia. E essa fé destaca-se brilhantemente por uma orquestração de fundo em que se contrapõem as atitudes de Maria e de Zacarias.

Isabel, em cuja casa tinham descido simultaneamente a bênção de um filho e o castigo de Zacarias, por não ter crido, diz a Maria: "Feliz és tu porque acreditaste, querida filha de Sião; acreditaste que para Deus tudo é possível; todas as maravilhas que te foram comunicadas serão inteiramente cumpridas, como prêmio de tua fé. Zacarias, porém, aí está sem poder falar, porque ficou mudo por causa de sua incredulidade".

A Zacarias foi anunciado que eles, um casal de "idade avançada", iriam ter um filho "com o Espírito e o poder de Elias" (Lc 1,17).

A Maria foi anunciado que "sem conhecer varão" geraria em seu seio solitário, à sombra do Espírito Santo, um filho que "será grande [...] e o seu reino não terá fim" (Lc 1,32-33).

Zacarias não crê. É impossível, diz. "Estou velho e minha esposa já tem uma idade avançada" (Lc 1,18).

Maria, ao contrário, não pergunta, não duvida nem exige garantias. Com a atitude típica dos *pobres de Deus*, a Mãe se entrega, contra toda esperança e contra toda evidência, no meio de uma escuridão completa (cf. Lc 1,38).

Zacarias, por não crer na Palavra de Deus, fica mudo até o nascimento de João.

Maria, por ter crido, transforma-se em Mãe de Deus, bendita entre todas as mulheres e proclamada bem-aventurada pelas gerações sem fim.

Naquela manhã, "naquela região montanhosa de Judá", houve uma festa de espírito e, no momento culminante da festa, devem ter sido repetidas em coro por Maria, Isabel e Zacarias as palavras centrais do mistério da fé: "pois para Deus nada é impossível" (Lc 1,37).

## MARIA DIANTE DO SILÊNCIO DE DEUS

Vivendo dia após dia em busca do Senhor, o que mais desconcerta os caminhantes da fé é o silêncio de Deus. "Deus é aquele que sempre cala desde o princípio do mundo; esse é o fundo da tragédia", dizia Unamuno.

*Desconcerto*

São João da Cruz expressa admiravelmente o silêncio de Deus com estes versos imortais:

> Onde te escondeste,
> Amado, deixando-me a gemer?
> Fugiste como o cervo, depois de me ferir.
> Saí atrás de ti, clamando, e tinhas ido.

A vivência da fé, a vida com Deus é isto: um êxodo, um sair sempre "atrás de ti, clamando". E aqui começa a eterna odisseia dos que buscam a Deus: a história pesada e monótona, capaz de acabar com qualquer resistência, em cada instante, em cada tentativa de oração, quando parecia que essa "figura" de Deus estava ao alcance da mão, já "tinhas ido", o Senhor se envolve no manto do silêncio e fica escondido. Parece um rosto perpetuamente fugitivo e inacessível, aparece e desaparece, aproxima-se e se afasta, concretiza-se e desvanece.

O cristão foi seduzido pela tentação e se deixou levar pela fraqueza. Deus se cala: não diz nem uma palavra de reprovação. Vamos supor o caso contrário: com um esforço generoso, supera a tentação. Deus também se cala: nem uma palavra de aprovação.

Você passou a noite inteira de vigília diante do Santíssimo Sacramento. Você falou sozinho durante toda a noite e o interlocutor se calou, mas quando você sair da capela de manhã, cansado e com sono, não escutará nem uma palavra amável de gratidão ou de cortesia. O outro ficou calado a noite inteira e também se cala na despedida.

Se você sair ao jardim verá que as flores falam, os pássaros falam, falam as estrelas. Só Deus se cala. Dizem que as criaturas falam de Deus, mas Deus mesmo se cala. Tudo, no universo, é uma imensa e profunda evocação do mistério. Mas o mistério se desvanece no silêncio.

De repente a estrela desaparece da vista dos reis magos, e eles ficam perdidos, em desorientação completa. Jesus, na cruz, experimenta uma viva impressão interior de que está sozinho, de que o Pai está ausente, de que também o Pai o abandonou.

* * *

De repente, o universo em torno de nós se povoa de enigmas e perguntas. Quantos anos tinha essa mãe? Trinta e dois anos, e morreu devorada por um carcinoma, deixando seis crianças pequenas. Como é possível? Era uma preciosa criatura de três anos, e uma meningite aguda deixou-a inválida por toda a vida. Toda a família morreu no acidente, numa tarde de domingo, quando voltava da praia. Como é possível? Uma manobra caluniosa de um típico frustrado deixou-o na rua sem prestígio e sem emprego. Onde estava Deus? Tinha nove filhos, foi despedido por um patrão arbitrário e brutal, todos ficaram sem casa e sem pão. Existe justiça? E essa mansão oriental, tão perto destes casebres miseráveis... O que é que Deus está fazendo? Ele não é Pai? Não é Todo-Poderoso? Por que se cala?

É um silencio obstinado e insuportável que, lentamente, vai minando as resistências mais sólidas. Chega à confusão. Começam a surgir vozes, você não sabe de onde, se do inconsciente, se debaixo da terra, ou se de parte nenhuma, que lhe perguntam: "Onde está teu Deus?" (Sl 42[41],4). Não se trata do sarcasmo de um voltairiano nem do argumento formal de um ateu intelectual.

O crente é invadido pelo silêncio envolvente e desconcertante de Deus e, pouco a pouco, é dominado por uma vaga impressão de insegurança: "Isso tudo será verdade? Não será um produto da mente? Ou, ao contrário, será a realidade mais sólida do universo?". E você fica navegando sobre águas agitadas, desconcertado pelo silêncio de Deus. Aqui se cumpre o que diz o Salmo 30(29),8: "Quando escondeste teu rosto, eu fiquei conturbado".

O profeta Jeremias experimentou esse silêncio de Deus com uma viveza terrível. O profeta diz ao Senhor: Javé Deus, depois de ter suportado por ti, ao longo de minha vida, toda espécie de atentados, ultrajes e assaltos... Não serás tu senão um reflexo no espelho, um simples vapor de água? (cf. Jr 15,15-18).

Só um profundo espírito de abandono e uma fé adulta nos livrarão do desconcerto e evitarão que sejamos quebrantados pelo silêncio. A fé adulta é a que vê o essencial e o invisível. É a que "sabe" que por trás do silêncio respira Deus, e que, por trás das montanhas, vem chegando a aurora. O essencial está sempre escondido à retina humana, tanto a retina do olho como a da sensibilidade interior. O essencial, a realidade última, só pode ser atingido pelo olhar penetrante da fé pura e limpa, da fé adulta.

## *A marcha da fé*

Vejamos o comportamento de Maria diante do silêncio de Deus.

Nazaré está a uns 150 quilômetros de Belém, pela estrada moderna. Naquele tempo, a distância devia ser um bocado maior.

> Os caminhos do país ainda não tinham sido traçados e cuidados pelos romanos, mestres no assunto. Eram maus e apenas transitáveis por caravanas de asnos e de camelos.
>
> O casal, na melhor das hipóteses, deve ter tido apenas um asno à sua disposição para transportar mantimentos e os objetos mais necessários, um daqueles asnos que ainda podem ser vistos hoje, na Palestina, seguindo um grupo de caminhantes.[7]

Não sabemos se Maria era obrigada a apresentar-se ao recenseamento. Parece que não. De qualquer maneira, o

---

[7] RICCIOTTI, G. *Vida de Jesus Cristo*, p. 259.

fato é que José se dirigiu para Belém "com Maria, sua esposa, que estava grávida" (Lc 2,5).

Essas palavras podem bem ser uma alusão a uma das razões pelas quais Maria também foi: a proximidade do parto, circunstância em que não era conveniente deixá-la sozinha.[8]

Maria não podia ir em uma caravana, em virtude de seu estado de gravidez. As caravanas avançavam sempre com relativa rapidez, velocidade que uma mulher grávida no nono mês não podia suportar. Com eventuais paradas para descansar, a Mãe teve que caminhar lentamente, em companhia de José, sobre um desses asnos mansinhos que se veem ainda hoje com frequência na Palestina. Por estar grávida, a viagem foi lenta e cansativa. Podemos calcular que, nessas circunstâncias, a viagem tenha demorado de oito a dez dias.

Em novembro, começa a época das chuvas na Palestina. Os caminhos das caravanas estariam cheios de barro, poças de água, meio intransitáveis. Devem ter sido acompanhados pelo frio em todo o trajeto, particularmente nas planícies onde sopra fortemente o vento do Hermon.

\* \* \*

Mais uma vez precisamos colocar-nos em estado contemplativo para penetrar no interior de Maria, auscultar suas pulsações espirituais e admirar sua beleza interior.

Pobre e digna, a jovem vai caminhando com dificuldade. Mesmo nos dias que amanhecem frios e chuvosos, em que a caminhada se mostra particularmente difícil. Maria

---

[8] Ibid., p. 259.

é uma *serva do Senhor* e responde às inclemências: está bem, meu Pai, *faça-se*. E a Mãe fica cheia de paz, apesar da chuva e do frio.

A psicologia de jovem que vai ser mãe pela primeira vez é muito singular: vive entre a emoção e o temor. O silêncio de Deus, como um céu escuro e cheio de interrogações, abateu-se sobre Maria: "Quando começarão as dores do parto?". Naquele tempo, todo parto era um perigo eventual de morte. "Em nosso caso, haverá complicações sérias ou será tudo normal?" Ninguém sabe. "Chegaremos em tempo a Belém? E se tiver que dar à luz no caminho? Haverá uma mulher experimentada que me possa ajudar?"

Ninguém sabe nada. Deus continua em silêncio. Diante dessas e de outras interrogações, a Mãe não fica irritada nem ansiosa. Cheia de paz, responde sempre: "*faça-se*; de acordo; meu Pai, eu me abandono em ti". Nunca se viu nesta terra uma mulher tão cheia de paz, fortaleza, doçura e elegância.

"Onde dormiremos esta noite? Naquela curva do caminho, ao pé daquela colina? Vamos até lá." E o que de longe parecia confortável, na realidade é um buraco barrento e batido pelo vento. "Não há lugar melhor? Está caindo a noite, e é tarde para procurar outro lugar; teremos que dormir aqui, na umidade e na sujeira." Deus não dá sinal de vida. Dentro da sua espiritualidade, a Mãe só consegue dizer: "Senhor meu, fizemos o possível para encontrar o melhor lugar. Permitiste que tivéssemos que passar a noite aqui; está bem, meu Pai, *faça-se*, abandono-me à tua vontade". Esse *faça-se* inextinguível não permitirá que a Mãe jamais se abata emocionalmente e a libertará de toda angústia. Passam-se os dias. Fazem o que é possível quanto ao alimento e ao descanso. Quando todos os resultados são adversos, a Mãe não resiste nem se agita, mas se entrega. "Precisaram dormir em lugares públicos de repouso, que havia junto aos caminhos, estendendo-se por terra, como os outros viajantes, entre camelos e burros."[9]

E Deus continuava em silêncio. Que fará Maria?

Maria não há de chorar, porque o pranto é uma espécie de protesto, e a serva do Senhor não pode protestar, mas aceitar. Seu *faça-se* proporcionará continuamente um formidável estado interior de calma, serenidade, elegância, dignidade, uma categoria interior fora de série. Não haverá no mundo emergências dolorosas nem eventualidades surpreendentes que possam desequilibrar a estabilidade emocional da Mãe. Antes de ser Senhora nossa, foi senhora de si mesma.

## *Doçura inquebrantável*

Chegaram a Belém. Em determinado momento, Lucas diz que "não havia lugar para eles na hospedaria" (Lc 2,7). Desse fato vamos deduzir situações vitais da Mãe muito interessantes para nossa contemplação.

A tal hospedaria de que fala Lucas era simplesmente o albergue de caravanas, o atual *Khan* palestino:

> É um recinto descoberto, cercado por um muro bastante alto, com uma única porta...
> Os animais ficavam no centro, ao ar livre, e os viajantes sob os pórticos, ou no meio dos animais.

---
[9] Ibid., p. 259.

> Naquele amontoado de homens e de animais inquietos, falava-se de negócios, rezava-se, cantava-se, dormia-se, comia-se, podia-se nascer, podia-se morrer.[10]

Quando o evangelista diz que não havia lugar "para eles" no albergue das caravanas, afirma Ricciotti que a frase é mais pensada do que parece.

> Um lugar deveriam ter encontrado naquele albergue. Jamais acontece que um hospedeiro de caravanas, no Oriente, diga que está tudo ocupado.[11]

Fisicamente, havia lugar. Quando acrescenta "para eles" quer dizer veladamente que o lugar não era adequado para o parto iminente. Senão, o evangelista teria dito simplesmente que não havia lugar.

Isso quer dizer que, em certo momento, a pobre Maria, junto com José, entrou na estalagem pública. Quando presenciou aquela barafunda de gritos, homens e animais, a Senhora ficou espantada só de pensar que o parto deveria ser feito diante da curiosidade natural de tanta gente, e preferiu outro lugar, ainda que incômodo e úmido, contanto que fosse solitário e reservado.

Assim, as razões históricas pelas quais Jesus nasceu em uma gruta foram duas: a pobreza e a pureza. A pobreza, porque o dinheiro abre todas as portas deste mundo. E a pureza: chamo pureza, neste caso, essa aura de delicadeza, dignidade e pudor, com que a Senhora aparece sempre aureolada. A delicada Mãe preferiu um lugar tranquilo, embora incômodo, para evitar a curiosidade geral na

---

[10] Ibid., pp. 259-260.
[11] WILLIAM, F. *Vida de Maria*. Barcelona, 1950. p. 102.

hora do parto. Essas duas joias brilham particularmente na fronte da jovem Mãe.

Diz Ricciotti que Maria "quis cercar seu parto de reverente reserva".

Do fato que acabamos de analisar podemos deduzir outras situações. Se Maria quis, em último caso, procurar um recanto na estalagem pública, isso quer dizer que já se haviam esgotado antes todas as possibilidades de achar um lugarzinho na casa de parentes, amigos e conhecidos, que, sem dúvida, deviam ter na região. Abandonar-se à vontade do Pai não quer dizer cruzar os braços e esperar, mas fazer de nossa parte todo o possível para resolver as dificuldades e necessidades e, na hora dos resultados, quaisquer que sejam, entregar-se nas mãos do Pai. Assim agiu, sem dúvida, Nossa Senhora.

> A imaginação popular coloca aqui cenas comoventes: Maria e José vão de porta em porta; de uma os mandam para outra... Os Evangelhos não contam nada sobre isso. Mas alguma coisa parecida deve ter acontecido. Seria o mais natural.[12]

Entramos outra vez na interioridade de Maria. O céu não se manifesta. É preciso conseguir depressa um recanto. As dores do parto podem começar a qualquer momento.

Cada porta de parente ou conhecido a que batem é uma ilusão e uma desilusão ao mesmo tempo: a ilusão de que talvez iriam arranjar um lugarzinho para a emergência do parto; e a desilusão quando as portas eram fechadas com palavras amáveis.

---

[12] Ibid., p. 103.

Maria era jovem. Ainda não tinha sido experimentada pelos golpes da vida. Era sensível pela idade. Era sensível também por temperamento, como veremos adiante neste livro. Além disso, o estado de emoção e de temor, em que psicologicamente se sente toda mulher que vai dar à luz pela primeira vez, agravaria essa sensibilidade.

Chamaram outros conhecidos, outros parentes, outros amigos. Fecharam-se todas as portas, cerraram-se todos os horizontes e todas as esperanças. Era um conjunto de circunstâncias capaz de acabar com o equilíbrio emocional da mulher mais forte. Mas, em nosso caso, nem as dificuldades mais cruéis serão capazes de perturbar o equilíbrio interior dessa jovem. Seu perpétuo *faça-se* a libertará sempre da ansiedade e da queda emocional; dar-lhe-á uma fortaleza indestrutível e a deixará em estado de calma, doçura, elegância, dignidade e grandeza. Continuará tranquilamente procurando outras casas e outras soluções.

Quando se esgotaram de uma vez todas as possibilidades, o céu ainda estava mudo, e Deus em silêncio. E agora? A Mãe indestrutível pensou nesse momento em procurar um cantinho no albergue público. Vendo que o lugar não era adequado, Maria e José começaram a peregrinação montanha acima em busca de um lugar reservado e tranquilo.

E assim a serva do Senhor, abandonada indefectivelmente nas mãos do Pai, espera cheia de inquebrantável doçura o grande momento.

## *A Mãe fugitiva*

Certo dia, o céu falou: "Levanta-te, toma o menino e sua mãe e foge para o Egito! Fica lá até que eu te avise, porque Herodes vai procurar o menino para matá-lo" (Mt 2,13). Essas poucas palavras encheram de interrogações o coração de Maria.

"Por que Herodes procura esse menino? Como soube do seu nascimento? Que mal lhe fez, para que o rei queira acabar com ele? Para o Egito? Por que não para a Samaria, a Síria ou o Líbano, onde Herodes não é rei? Como vamos ganhar a vida? Que língua vamos ter de falar? Em que Templo haveremos de rezar? Até quando teremos que ficar?" "Até que eu te avise." "E os perseguidores estarão perto?"

Mais uma vez abateu-se sobre a jovem Mãe o terrível silêncio de Deus, como uma nuvem sombria. Quantas vezes acontece isso mesmo em nossa vida! De repente, tudo parece absurdo. Nada tem sentido. Tudo parece uma fatalidade cega e sinistra. Nós mesmos sentimo-nos como joguetes no meio de um torvelinho. Deus? Se existe e se é poderoso, por que permite tudo isso? Por que se cala? Dá vontade de nos rebelarmos contra tudo, de negar tudo.

A Mãe não se rebelou; abandonou-se. A cada pergunta respondeu com um *faça-se*. Uma serva não faz perguntas. Entrega-se. "Senhor meu, eu me abandono em silêncio em tuas mãos. Faze de mim o que quiseres, estou disposta a tudo, aceito tudo. Lutarei com unhas e dentes para defender a vida do menino e minha própria vida. Mas durante a luta, e depois, entrego em tuas mãos a sorte de minha vida". E a Mãe, em silêncio e paz, empreende a fuga para o estrangeiro.

* * *

Nesse momento, Maria está na condição de fugitiva política. A existência do menino ameaça a segurança do trono. O cetro, para defender sua segurança, ameaça a existência do menino, e este, nos braços da Mãe, tem que fugir para garantir sua existência.

Para saber qual o estado de ânimo da Mãe durante aquela fuga, precisamos ter presente a psicologia de um fugitivo político. Um fugitivo político vive de sobressalto em sobressalto. Não pode dormir duas noites seguidas num mesmo lugar. Todo desconhecido é para ele um eventual delator. Qualquer suspeito é um policial à paisana. Vive com medo, na defensiva.

Assim viveu a pobre Mãe naqueles dias: de sobressalto em sobressalto: "Aqueles que vêm vindo lá atrás, não serão da polícia de Herodes? Aqueles outros lá na frente... esses que estão aí parados... Será que poderemos dormir aqui? Que será melhor: viajar de dia ou de noite?...".

A fuga da Mãe também foi feita dentro da psicologia de todo fugitivo, isto é, devagar e depressa. Devagar, porque não podiam andar pelas estradas principais, onde podia estar alerta a polícia de Herodes, mas dando voltas por morros e vias secundárias, por Hebron, Bersabeia, Idumeia. E depressa, porque precisavam sair quanto antes dos limites do reino de Herodes, até passar a fronteira de El-Arish.

> Ao aproximar-se do delta do Nilo, estende-se o clássico deserto, o "mar de areia", onde não se acha nenhum matagal, nenhum talo de erva, nem uma pedra: só areia.
> Os três fugitivos devem ter-se arrastado fatigosamente durante o dia sobre as areias móveis e sob o sol escaldante, passando a noite estendidos na terra, contando com a pouca água e o pouco alimento que levavam consigo, isto é, o suficiente para uma semana.
> Para dar conta dessa travessia, o viajante atual tem de ter passado diversas noites sem dormir e ao relento, na

> desolada Idumeia, e ter percebido de dia como passa por ele algum pequeno grupo de homens contados, inclusive de alguma mulher com uma criança ao peito, e divisá-los taciturnos e pensativos, resignados à fatalidade, enquanto se afastam na desolação para uma ignorada meta.
>
> Quem passou por essa experiência e teve encontros como esses naquele deserto, viu, mais do que cenas de cor local, documentos históricos à viagem dos três prófugos de Belém.[13]

No meio dessa devastada solidão telúrica e envolta no silêncio mais impressionante de Deus, lá vai a Mãe fugitiva, como uma figura patética, mas com o ar de uma grande dama, humilde, abandonada nas mãos do Pai, cheia de uma doçura inquebrantável, repetindo permanentemente o seu *amém*, ao mesmo tempo em que procura não ser descoberta pela polícia.

## *A prova do desgaste*

Entre as táticas humanas mais eficientes para destruir uma pessoa ou uma instituição, está a guerra psicológica do desgaste. Dizem que a água, caindo gota a gota, acaba perfurando as entranhas de uma rocha. Ser herói durante uma semana ou durante um mês é relativamente fácil, porque é emocionante. Não se deixar quebrar pela monotonia dos anos, é muito mais difícil.

Pelo que me parece, a prova mais aguda para a fé de Maria foi a do Calvário, mas a prova mais perigosa foi a desses trinta anos embaixo da abóbada do silêncio de

---

[13] Ricciotti, op. cit., p. 280.

Deus. A ferida da "espada" (cf. Lc 2,35), por mais profunda e sangrenta, não foi tão ameaçadora para a estabilidade emocional da fé de Maria como esses intermináveis trinta anos que envolveram, psicologicamente, a alma de Maria, no manto da rotina e do desgaste. Para entender a perigosa travessia da Mãe por essa estrada de trinta anos, vamos pensar em outros casos paralelos.

* * *

Abraão recebeu a promessa de um filho quando tinha, segundo a Bíblia, 75 anos. Mas Deus, premeditadamente, vai demorando o cumprimento da promessa e submete a fé de Abraão à prova do desgaste. Passam-se os anos, o filho não chega, e a fé de Abraão começa a enlanguescer. Passam mais anos, o filho não chega, e a fé do patriarca foi rolando por uma encosta até que, em determinado momento, Abraão caiu numa profunda depressão; e, para não sucumbir de uma vez, exigiu de Deus uma garantia visível, um fenômeno sensível, um "sinal" (cf. Gn 15,8).

Em meados do século XIX, Bernadete Soubirous teve, em Lourdes, uma série esplêndida de manifestações celestiais. Mas de repente o céu se calou, e até o dia de sua morte ela foi acompanhada pelo silêncio. Dizem seus biógrafos que foi um silêncio tão desconcertante para Bernadete, que a cobriu de angustiosas dúvidas sobre a autenticidade das já distantes aparições.

É que sempre acontece a mesma coisa: quanto mais intensa é a luz do sol, mais profundas são as sombras. Quanto mais clamorosa é a manifestação de Deus, mais pesado vem a ser o silêncio posterior. Foi isso que aconteceu no caso da Senhora. Vamos colocar-nos contemplativamente dentro do círculo vital da Mãe.

\* \* \*

Passam-se os anos. A impressão viva e fresca da anunciação ficou lá longe. Sobrou apenas uma lembrança apagada, como um eco longínquo. A Mãe sente-se como que presa entre o resplendor daquelas antigas promessas e a realidade presente, tão opaca e anódina. A monotonia encarnou-se em Nazaré, dentro de horizontes geográficos inalteráveis e de horizontes humanos paralisados.

A monotonia tem sempre a mesma cara: horas compridas, dias longos, os intermináveis trinta anos, os vizinhos fechados em casa. No inverno escurece cedo, fecham-se portas e janelas, ficam os dois aí, frente a frente. A Mãe observa tudo. Aí está o filho: trabalha, come, reza... Sempre o mesmo, dia após dia, semana após semana; cada ano parece uma eternidade, dá a impressão de que tudo está paralisado, tudo é igual como uma estepe imóvel.

Que fazia a Mãe? Nas horas eternas, enquanto moía o trigo, amassava o pão, trazia lenha do morro ou água da fonte, revirava na cabeça as palavras que um dia – fazia tanto tempo – ouvira do anjo: "Ele será grande; será chamado Filho do Altíssimo, [...] seu reino não terá fim" (Lc 1,32-33). As palavras antigas eram resplandecentes; a realidade que tinha diante dos olhos era muito diferente: ali estava o rapaz, trabalhando no canto escuro da casa pobre. Estava ali silencioso, reservado, solitário... Será grande? Não era grande, não. Era igual a todos os outros.

E a perplexidade começou a bater insistentemente à porta da Mãe. "Seria verdade tudo aquilo? Será que não fui vítima de uma alucinação? Não seriam aquelas palavras apenas um sonho de grandeza?"

\* \* \*

Esta é a tentação suprema de nossa vida de fé: querer uma evidência, querer agarrar a realidade com as mãos, querer palpar a objetividade como uma pedra fria, pretender sair das águas agitadas e pisar na terra firme, querer pular dos braços de uma noite escura para abrir os olhos e ver o sol. Dizer a Deus: "Pai incomparável, dá-me uma garantia de que tudo isso é verdade, transforma-te aqui, na frente dos meus olhos, em fogo, tormenta e furacão!".

A Mãe não fez isso. A Mãe, assaltada pela perplexidade, não se agitou. Ficou quieta, abandonou-se incondicionalmente, sem resistir, nos braços da monotonia, como expressão da vontade do Pai. Quando tudo parecia absurdo, ela respondia seu *amém* ao próprio absurdo, e o absurdo desaparecia. Ao silêncio de Deus respondia com o *faça-se*, e o silêncio se transformava em presença. Em vez de exigir de Deus uma garantia de veracidade, a Mãe se aferrava incansavelmente à vontade de Deus, ficava em paz, e a dúvida transformava-se em doçura.

Em Nazaré, a vida social é inexoravelmente monótona. As notícias sobre as agitações nacionalistas e as repressões imperialistas chegam a Nazaré como o eco apagado e tardio que já não causa impactos, nem desafia ou incomoda os nazarenos.

O rapaz já tem 15, 18, 20 anos. Não há manifestações, está tudo em silêncio, não existe nenhuma novidade. Grande perigo para a fé de Maria: pode ser abatida pelo silêncio ou o vazio. Mas a Mãe não abre as portas para a dúvida: "Seria verdade tudo aquilo? Parece que me enganei".

\* \* \*

O filho já é um homem adulto de 22, 25, 28 anos. Seu primo João, filho de Zacarias, estava comovendo a capital teocrática, arrastando multidões para o deserto. E este? Este está aí. Mal fala, sai pelas casas para consertar uma janela, uma mesa, uma cadeira. Sobe no telhado para consertar uma viga, carrega troncos para fazer canga de bois. A Mãe observa, medita, cala. O Filho não se prepara para nenhuma missão. E não parece que haja novidade nenhuma à vista. O moço é igual a todos os outros. Definitivamente, as palavras da anunciação pareciam bonitos sonhos de uma noite de verão.

E ela? Não tinha dito que todas as gerações a chamariam bem-aventurada? Impossível. Estava chegado o ocaso de sua vida. Parecia prematuramente envelhecida, como acontece sempre com as pessoas dos países subdesenvolvidos. Sua vida, aparentemente, não se distinguia muito da vida de suas vizinhas. Havia tantos anos que não lhe acontecia nada de especial e, ao que parecia, não se levantava novidade alguma no horizonte de sua vida. Às vezes tudo parecia tão vazio, tão sem sentido... Estou certo de que a fé de Maria foi assaltada e combatida – mas nunca abatida – por um esquadrão de perguntas, que chegavam em ondas sucessivas.

Para não sucumbir, a Mãe teve de empregar uma quantidade enorme de fé adulta, fé pura e limpa, aquela que só se apoia no próprio Deus.

Seu segredo foi este: não resistir, mas se entregar. Ela não podia mudar nada: nem a misteriosa demora da manifestação de Jesus, nem a rotina que, como uma sombra, ia envolvendo e invadindo tudo, nem o silêncio desconcertante de Deus... Se Maria não podia mudar, por que resistir? O Pai queria assim e permitia assim. "Então, meu Pai, eu me abandono a ti".

Só o desenvolvimento de uma grande intimidade com o Pai, e o abandono inquebrantável em suas mãos, livrou Maria do pior escolho em sua peregrinação. E assim Maria fez a travessia dos trinta anos, navegando no barco da fé adulta.

\* \* \*

O mesmo acontece na vida religiosa ou no sacerdócio: receberam a unção sacerdotal, emitiriam a profissão. Nos primeiros anos, tudo era novidade. A generosidade inicial fazia com que se desenvolvessem generosas energias. Conseguiram-se resultados brilhantes. Estes, por sua vez, acendiam a chama do entusiasmo. Passaram-se quinze, vinte anos. A novidade morreu. Sem saber como, e sem que ninguém percebesse, a rotina, como uma sombra invisível, foi invadindo tudo: o escritório, a paróquia, o colégio, o hospital, a capela e, sobretudo... a vida. Chegou a fadiga, e agora está difícil ser fiel, e muito mais difícil continuar "brilhando incansavelmente como as estrelas" (cf. Dn 12,3).

O mesmo acontece no casamento. A novidade e o entusiasmo dos primeiros tempos, a espera do primeiro filho, são capazes de manter a chama da ilusão bem alta. Mas o que acontece depois? Vão passando os anos, os esposos movem-se invariavelmente no círculo fechado de horizontes inalteráveis, a monotonia começa a invadir tudo, a rotina substitui a novidade, e pouco a pouco começam as crises que ameaçam, às vezes seriamente, a estabilidade matrimonial...

Maria é modelo para qualquer pessoa, em qualquer estado. Sua coragem e fortaleza, essa fé adulta da Mãe, livrará também a nós de qualquer asfixia.

## Uma espada

Quando o Concílio diz que Maria foi avançando na peregrinação da fé, fala no mesmo parágrafo, com insistência, no Calvário:

> Manteve fielmente sua união com o Filho até a cruz, onde esteve não sem desígnio divino. Veementemente sofreu junto com seu Unigênito. E com ânimo materno se associou ao seu sacrifício, consentindo com amor na imolação da vítima por ela mesma gerada (LG 58).

Com essas expressões e notadamente pelo contexto, o Concílio parecia indicar que o momento alto e também a prova – porque não há grandeza sem prova – para a fé da Mãe estiveram no Calvário.

Há outro parágrafo, no mesmo documento, em que o Concílio, com uma expressão lapidar e emotiva, ressalta que a fé de Maria alcançou sua mais alta expressão junto à cruz.

Com efeito, falando do *faça-se* de Maria pronunciado no dia da anunciação, acrescentam-se estas significativas palavras: "que sob a cruz resolutamente manteve" (LG 62). Assim o Concílio quer indicar que a prova mais difícil para o *faça-se* de Maria foi o desastre do Calvário.

Sem me afastar do espírito do texto conciliar, gostaria de apresentar aqui algumas reflexões, de modo que tudo redunde para a maior glória da Mãe.

\* \* \*

É possível que a história mais lacônica, completa e patética da Bíblia esteja contida nestas palavras: "Junto à cruz de Jesus, estava de pé sua Mãe" (cf. Jo 19,25). Essas breves palavras evocam um vasto universo, com implicações transcendentais para a história da salvação.

Anteriormente, discorremos amplamente sobre a maternidade espiritual, que nasce aqui, ao pé da cruz. Neste momento, interessa-nos apenas enfocar nossa contemplação exclusivamente do ponto de vista da fé.

A pergunta-chave para ponderar o mérito e, consequentemente, a grandeza da fé de Maria, é esta: Maria conhecia todo o significado do que estava acontecendo naquela tarde no Calvário? Sabia, por exemplo, tanto quanto nós sabemos hoje sobre o significado transcendental e redentor daquela morte sangrenta?

Conforme for a resposta a estas perguntas, mediremos a altura e a profundidade da fé de Maria. E a resposta dependerá, por sua vez, da imagem ou preconceito – muitas vezes, emocional – que cada um tiver sobre a pessoa de Maria.

Quanto a isto, parece-me que pode haver posições ambíguas, e precisaríamos fazer antes outras perguntas, para um esclarecimento cabal. Por exemplo: se Maria sabia tudo, seu mérito era maior ou menor? Se apenas vislumbrava o Mistério entre penumbras, aumentava ou diminuía o mérito de sua fé? Talvez se pudesse afirmar, em algum sentido, que a fé seria maior e mais meritória quanto menos conhecimentos tivesse? Muitas conclusões dependem do pressuposto ou esquema mental com que cada um se coloca diante da pessoa de Maria. Eu também tenho o meu que, a meu ver, lança sobre a Senhora o máximo esplendor.

De qualquer maneira, antes de ir adiante, é preciso distinguir claramente, em Maria, a ciência (conhecimento teológico do que estava acontecendo no Calvário) da fé. A grandeza não vem do seu conhecimento, maior ou menor, mas de sua fé.

* * *

Para saber exatamente o que aconteceu com Maria naquela tarde – acontecer no sentido vital da palavra –, não podemos imaginar Maria como um ser abstrato e solitário, isolado de seu grupo humano, mas como uma pessoa normal que recebe o impacto da influência de seu meio ambiente. É assim que somos humanos e foi assim, sem dúvida, que foi Nossa Senhora.

Pois bem, pelo contexto evangélico, a morte de Jesus teve um caráter de catástrofe final para os apóstolos. Era o fim de tudo. Essa impressão e estado de ânimo estão admiravelmente refletidos na cena de Emaús. Cléofas, depois de ter ficado triste porque o interlocutor ignorava os últimos acontecimentos, que para ele eram ferida recente e dolorida, acabou com um "nós esperávamos", como quem quer acrescentar depois: mas já está tudo perdido. Foi um sonho muito bonito, mas foi um sonho.

Caifás, representando o grupo do outro lado, estava convencido de que, acabando com Jesus, acabaria com o movimento. E tinha razão, porque foi isso o que aconteceu. Quando os apóstolos viram Jesus nas mãos dos inimigos, esqueceram-se de seus juramentos de fidelidade e cada um tratou de salvar a própria pele, fugindo em debandada. Três dias depois ainda estavam escondidos, com as portas bem trancadas (cf. Jo 20,19), para salvar ao menos a cabeça, já que tinham perdido o líder.

Esse era o estado de ânimo deles: dormia no sepulcro, enterrado para sempre, um belo sonho junto com o Sonhador. Daí a obstinada resistência para acreditar nas notícias da ressurreição. No dia de Pentecostes, o Espírito Santo esclareceu todo o panorama de Jesus. Só então souberam quem foi Jesus Cristo.

* * *

E Maria? Em primeiro lugar não nos devemos esquecer de que Maria fazia parte desse grupo humano, tão desorientado e abatido.

Não consigo imaginar Maria adorando emocionada cada gota de sangue que caía da cruz. Não posso imaginar que Maria soubesse toda a teologia sobre a redenção pela morte na cruz, teologia que foi ensinada pelo Espírito Santo, a partir de Pentecostes.

Se ela soubesse tudo quanto nós sabemos, qual seria o seu mérito? No meio daquele cenário desolado teria sido uma consolação infinita saber que a terra não engoliria inutilmente nem uma só gota desse sangue; saber que perdia um Filho, mas ganhava o mundo e a História; saber que a ausência do Filho seria momentânea. Nessas circunstâncias, pouco lhe teria custado aceitar em paz aquela morte.

Também não posso imaginá-la dominada pelo desamparo total dos apóstolos, pensando que tudo terminava aí.

Sabemos pelos Evangelhos que Maria foi navegando por entre luzes e sombras, compreendendo às vezes claramente, outras vezes nem tanto, meditando as palavras antigas, aderindo à vontade do Pai, vislumbrando de forma lenta, mas crescente, o Mistério transcendente de Jesus Cristo... Segundo os Evangelhos, esse foi o caminho da fé para Maria.

* * *

De acordo com isso, que teria sucedido no Calvário? Embora seja tarefa difícil, vou tentar entrar no contexto vital da Mãe e mostrar em que consistiu sua suprema grandeza nesse momento.

A Mãe está dentro do círculo fechado de uma furiosa tempestade, interpretada por todo mundo como o desastre final de um projeto dourado e adorado.

É preciso imaginar o contorno humano, em cujo centro ela está de pé; em primeiro plano, os executores da sentença, frios e indiferentes; mais adiante os sinedritas, com ar triunfal; depois, a multidão de curiosos, entre os quais algumas valentes mulheres que, com suas lágrimas, manifestam sua simpatia para com o Crucificado. Para todos esses grupos, sem exceção, o que estava acontecendo era a última cena de uma tragédia.

Aí terminavam os sonhos, junto com o Sonhador.

É preciso colocar-se no meio desse círculo vital e fatal, em que uns lamentavam e outros celebravam esse final triste. No meio desse redemoinho, a figura digna e piedosa da Mãe, aferrada em sua fé para não sucumbir emocionalmente, entendendo algumas coisas, como a "espada", vislumbrando outras, confusamente... Não são circunstâncias para pensar em bonitas teologias. Quando alguém é batido por um furacão, pensa apenas em não cair.

Entender? Saber? Não é isso o importante. Nossa Senhora também não entendeu as palavras do Menino aos 12 anos, mas também nessa ocasião teve uma reação sublime. Não é importante o conhecimento, mas a fé, e a fé de Maria escalou então a montanha mais alta. Aquela que não entendeu as palavras de Simeão (Lc 2,33) entenderia completamente o que estava acontecendo no Calvário? O importante não era entender, mas entregar-se.

* * *

No meio dessa escuridão, diz o Concílio (LG 62), Maria manteve o seu *faça-se* em tom sustenido e agudo.

"Pai querido, não entendo nada no meio desta confusão geral; só entendo que, se não quisesses, nada disto teria acontecido. *Faça-se*, portanto, a tua vontade. Tudo parece incompreensível, mas estou de acordo, meu Pai. Não vejo por que teria de morrer tão jovem, e principalmente dessa maneira, mas aceito tua vontade. Está bem, meu Pai. Não vejo por que teria que ser este cálice e não outro, para salvar o mundo. Mas não importa. Basta-me saber que é obra tua. *Faça-se*. O importante não é ver, mas aceitar. Não vejo por que o Esperado por tanto tempo teria que ser interrompido intempestivamente no começo de sua tarefa. Um dia me disseste que meu Filho seria grande. Embora não veja nada disso, sei que tudo está bem, aceito tudo, estou de acordo com tudo, *faça-se* a tua vontade. Meu Pai, em teus braços deposito meu querido Filho."

Foi o holocausto perfeito, a oblação total. A Mãe adquiriu uma estatura espiritual vertiginosa; nunca foi tão pobre nem tão grande, parecia uma pálida sombra, mas tinha ao mesmo tempo a grandeza de uma rainha.

Nessa tarde, a Fidelidade levantou um altar no cume mais alto do mundo.

\* \* \*

> Senhora da Páscoa:
> Senhora da cruz e da esperança,
> Senhora da sexta-feira e do domingo,
> Senhora da noite e da manhã,
> Senhora de todas as partes,
> porque és a Senhora
> do "trânsito" ou da "Páscoa".

Escuta-nos:
Hoje queremos dizer-te "muito obrigado".
Muito obrigado, Senhora, por teu *Fiat*;
por tua completa disponibilidade de "serva".
Por tua pobreza e teu silêncio.
Pelo gozo de tuas sete espadas.
Pela dor de todas as tuas partidas,
que foram dando a paz a tantas almas.
Por teres ficado conosco
apesar do tempo e das distâncias.

(Cardeal Pirônio)

## CAPÍTULO III

# *Silêncio*

*Quando um profundo silêncio tudo envolvia,
e a noite chegava a meio de seu curso,
do alto do céu vossa palavra onipotente
lançou-se no meio da terra.*
(Sb 18,14-16)

*O coração conhece
o que a língua nunca poderá proferir
e o que os ouvidos jamais poderão escutar.*
Gibran

# FIDELIDADE NO SILÊNCIO

## *Gratuidade e silêncio*

Tudo que é definitivo nasce e amadurece no seio do silêncio: a vida, a morte, o além, a graça, o pecado. O palpitante sempre está latente.

Silêncio é o nome de Deus. Penetra tudo, cria, conserva e sustém tudo, e ninguém percebe. Se não tivéssemos sua Palavra e as evidências de seu amor experimentadas todos os dias, diríamos que Deus é enigma. Mas não é exatamente assim. Deus "é" silêncio, desde sempre e para sempre. Opera silenciosamente nas profundidades das almas.

Nos desígnios inexplicáveis de sua iniciativa, livre e libertadora, nascem as operações da graça. Por que dá a uns e não a outros? Por que agora e não antes? Por que neste grau, e não em outro? Tudo fica em silêncio. A gratuidade, por definição, não tem razões nem explicações. É silêncio.

É por isso que nosso Deus é desconcertante: porque é gratuidade. Tudo parte dele: a graça, a glória, o mérito e o dom. Nada se merece, tudo se recebe. Ele nos amou primeiro. Ninguém lhe pode perguntar por suas decisões. Nenhum ser humano pode levantar-se diante dele, reclamando, exigindo ou questionando. Tudo é graça. Por isso seus caminhos são desconcertantes, e muitas vezes nos deixam na confusão.

Às vezes temos a impressão de que o Pai nos abandona. Mas, ao dobrar a esquina, envolve-nos repentinamente com uma visita embriagadora. Embora seus caminhos normais sejam os mecanismos comuns da graça, o Pai nos surpreende de repente com gratuidades inesperadas. Deus é assim. É preciso aceitá-lo tal como ele é.

Não há lógica "humana" em seu agir. Seus pensamentos e critérios são diferentes dos nossos. O mais difícil é ter paciência com esse nosso Deus. O mais difícil, em nossa ascensão para ele, é aceitar em paz essa gratuidade essencial do Senhor, sofrer com paciência suas demoras, aceitar em silêncio as realidades promovidas ou permitidas por ele. Deus é assim, gratuidade.

\* \* \*

Sua graça atua em silêncio. Penetra silenciosamente nas entranhas complexíssimas da natureza humana. Ninguém sabe como acontece. Ninguém sabe se os códigos genéticos, as combinações bioquímicas ou os traumas da infância ou anteriores obstruem ou destroem a liberdade, terra onde lança suas raízes a árvore da graça.

O pecado? É o mistério supremo do silêncio. Quem pode pesá-lo? A fidelidade é um duelo entre a graça e a liberdade; quem pode medi-la? Em que grau pressiona a graça e em que grau resiste à liberdade? Tudo fica em silêncio, sem resposta.

Na conduta humana, quanto há de simples inclinação genética, herdada dos progenitores? Quanto de condicionamento determinado pelas "feridas" da infância? E quanto é fruto de um esforço livre? Tudo fica sem resposta.

Olhemos ao redor de nós mesmos. Condenamos a este porque teve uma explosão violenta, ou porque um fato de sua vida escandalizou a opinião pública. Todo mundo presenciou a explosão ou o escândalo, e todos se sentiram com direito de julgá-lo e condená-lo. Mas quem presenciou anteriormente suas vitórias espirituais? Quem sabe das dezenas de superações que teve, no silêncio de sua alma, antes daquele "pecado"? Todos nós somos testemunhas irrefutáveis de toda a generosidade e constância que tivemos, de todas as derrotas antes de podermos sentir um pouco de melhora na humanidade, paciência, maturidade... E quanto esforço, até que os outros pudessem sentir que melhorávamos.

Por que uns triunfam e outros não? Por que este, com uma inteligência tão brilhante, foi sempre um desajustado na vida? Por que esse medíocre se destaca acima dos outros? Quem diria que esse menino, nascido em um fim de mundo, iria deixar marca tão profunda na história? Quem diria que essa personagem ou movimento político acabaria nesse colapso? Está tudo coberto por um véu. Tudo é silêncio.

* * *

Tudo que é definitivo tem a marca do silêncio. Quantos contemporâneos não perceberam um fulgor sequer da presença do Deus Eterno, que morava naquele obscuro nazareno chamado Jesus? Com que olhos o contemplaram Filipe, Natanael ou André? Que pensaram dele Nicodemos ou Caifás?

A travessia do Filho de Deus, sob as profundas águas humanas, foi feita em completo silêncio. O contemplador emudece diante disso. Um meteoro cruza o firmamento silenciosamente, mas, ao menos, brilha. Deus, quando passou pela experiência humana, nem sequer brilhou, foi eclipse e silêncio. O que mais admira em Jesus e em sua Mãe é a humildade silenciosa.

Quantos terão percebido que aquela vizinha de Nazaré, que carregava água e lenha e nunca se metia nos assuntos das outras, mas as ajudava em suas necessidades, quantos terão sabido que aquela vizinha era *cheia de graça*, privilegiada do Senhor e excelsa acima de todas as mulheres da terra?

Que pensavam dela seus parentes de Caná ou seus próprios familiares mais próximos? Todo o mistério de Maria esteve enterrado nas dobras do silêncio durante a maior parte de sua vida. Muitos de seus privilégios – imaculada, assunta... – estiveram em silêncio até na Igreja durante muitos séculos. Voltamos à mesma conclusão: o que é definitivo está em silêncio.

## Receptividade

Escolhi esta palavra – silêncio – para o título deste livro e deste capítulo, porque me parece que essa palavra resume e expressa cabalmente a história e a personalidade de Maria.

Há na Bíblia expressões carregadas de conotações vitais, e não encontramos, nas línguas modernas, vocábulos que possam absorver e retransmitir toda essa carga. Por exemplo, *shalom*. Nossa palavra *paz* não esgota de maneira alguma a carga vital da expressão hebraica. *Anau* significa muito mais do que nossa palavra *pobre*. A fé, de que São Paulo fala tanto, tem notas harmônicas muito mais amplas do que essa mesma palavra em nossos lábios.

Analogamente, quando digo *silêncio*, aplicado ao caso de Maria, quisera evocar um complexo prisma de ressonâncias. Quando digo *silêncio* no caso de Maria estou pensando em sua disponibilidade e receptividade. Quando digo *silêncio* de Maria, quero significar expressões como profundidade, plenitude, fecundidade. Quisera evocar, também, conceitos como fortaleza, domínio de si, maturidade humana. E, de maneira muito especial, os vocábulos fidelidade e humanidade, que consideraria quase sinônimos de silêncio.

## *Lugar de origem*

Chama-se Maria de Nazaré. O nome Nazaré não aparece nem uma única vez no Antigo Testamento. Nem no Talmud. Em seus dois famosos livros, *Antiguidades Judaicas* e *Guerra Judaica*, Flávio Josefo esgota toda a matéria geográfica e história da Palestina. Mas em lugar nenhum aparece a palavra Nazaré.

Como sabemos, os romanos, em seus mapas imperiais, anotavam cuidadosamente os nomes das vilas e cidades de seu vasto império, mesmo os nomes dos lugares mais insignificantes. Mas aí também não aparece o nome Nazaré.

Nazaré "é" silêncio.

Os únicos escritos que falam de Nazaré são os Evangelhos. E o evangelista achou interessante anotar uma ironia de Natanael, típica de aldeias rivais: "De Nazaré pode sair algo de bom?" (Jo 1,46).

Chama-se Maria de Nazaré: Nazaré é anonimato. Maria, pelo lugar de origem, "é" silêncio e anonimato.

\* \* \*

Não sabemos quando e onde Maria nasceu, nem quem foram seus pais. Não sabemos quando e onde morreu, nem sequer se morreu. Tudo é silêncio em torno de Maria.

A primeira coisa que nos interessa em qualquer personagem importante é quando e onde nasceu. Poderíamos conjeturar quando Maria nasceu, calculando uma data aproximativa a partir de certos costumes daqueles tempos, como, por exemplo, a data dos *esponsais*.

Quanto ao lugar onde nasceu, nem podemos conjeturar, porque numa região onde reinavam costumes seminômades, seus habitantes não sabem nada de estabilidade local, mudam-se de um local para outro por qualquer motivo, instalam-se provisoriamente e seus filhos nascem em qualquer lugar. Maria pode ter nascido em Naim, Betsaida ou Caná. Ninguém sabe.

Quanto aos pais de Maria, não sabemos nada. A tradição, seguindo os Evangelhos apócrifos, assegura-nos que se chamavam Joaquim e Ana. Mas os Evangelhos canônicos não nos dizem nada. Tudo é incerto, nada é seguro. As origens de Maria escondem-se no mais profundo silêncio.

* * *

Na Bíblia, um silêncio impressionante envolve a vida de Maria. Nos Evangelhos, a Mãe aparece incidentalmente, e desaparece logo depois.

Os dois primeiros capítulos nos falam dela. Mas mesmo aqui, Maria aparece como um candelabro: o importante é a luz – o Menino. Como já explicamos, as notícias da infância nasceram, em sua última instância, de Maria. De alguma maneira poderíamos dizer: aqui fala Maria. E a Mãe fala de José, de Zacarias, de Simeão, dos pastores, dos anjos, dos reis... De si mesma não diz nada. Maria não é narcisista.

Depois, nos Evangelhos, a Mãe aparece e desaparece como uma estrela cadente, como se tivesse vergonha de se apresentar: no Templo, quando o Menino se perdeu (cf. Lc 2,41-50), em Caná (cf. Jo 2,1-12), em Cafarnaum (cf. Mc 3,31-35), no Calvário (cf. Jo 19,25-28), no Cenáculo, presidindo o grupo dos Doze, em oração (cf. Hb 1,14). Nestas três últimas apresentações, a Mãe não diz uma palavra.

Depois, só há uma alusão indireta, muito mais impessoal: "nascido de mulher". Aqui, Paulo coloca Maria atrás de um estranho anonimato: "Deus enviou seu Filho, nascido de mulher" (Gl 4,4). Bastaria ter posto o nome de Maria por trás da palavra "mulher", e teria ficado tão bonito! Mas não. O destino da Mãe é ficar sempre para trás, na penumbra do silêncio.

Impressiona e causa estranheza a pouca importância que Paulo parece dar a Maria. Pelos cálculos cronológicos, os dois podem ter-se conhecido pessoalmente, e possivelmente se conheceram. Quando reivindica sua autoridade apostólica, Paulo se gloria de ter conhecido pessoalmente Tiago, "irmão" do Senhor (cf. Gl 1,19). Mas não faz nenhuma alusão indireta a Maria, em suas cartas.

\* \* \*

Fora dessas fugidias aparições, a Bíblia não fala mais nada de Maria. O resto é silêncio. Só Deus é importante, Maria transparece e fica em silêncio.

A Mãe foi como esses vidros grandes, limpos e transparentes. Estamos em uma sala, sentados em uma poltrona, contemplando várias cenas e lindas paisagens: as pessoas caminham pela rua, veem-se árvores, panoramas belíssimos, estrelas na noite. Entusiasmamo-nos com tanta beleza. Mas a quem devemos tudo isso? Quem tem consciência da presença e da função do vidro? Se, em vez de vidro, houvesse uma parede, veríamos essas maravilhas? Esse vidro é tão humilde que transparece um panorama magnífico e fica em silêncio.

Maria foi exatamente isso.

Foi uma mulher tão pobre e tão límpida (como o vidro), tão desinteressada e tão humilde, que nos apresentou e nos transpareceu o mistério total de Deus e sua salvação, mas ficou ela mesma em silêncio, e ninguém se deu conta de sua presença na Bíblia.

Navegando no mar do anonimato, perdida na noite do silêncio, sempre ao pé do sacrifício e da esperança, a figura da Mãe não é uma personalidade acabada, com contornos próprios.

Esse é o destino de Maria. Melhor, Maria não tem destino, como também não tem figura definida. Adorna-se sempre com a figura do Filho. Demonstra sempre a reação com Alguém. Fica sempre para trás. A Mãe foi um "silêncio cativante", como diz Von Le Fort.

Maria foi a Mãe que se perdeu silenciosamente no Filho.

## O silêncio da virgindade

Nós a chamamos de *Virgem*. A virgindade é silêncio e solidão em si mesma. Embora a virgindade também se refira aos aspectos biológicos e afetivos, o mistério da virgindade encerra contornos muito mais amplos.

Em primeiro lugar, a virgindade é, filosófica e psicologicamente, silêncio. O coração de uma virgem é essencialmente um coração solitário. As emoções humanas de ordem afetivo-sexual que, por si, são clamorosas, ficam em completo silêncio em um coração virgem; tudo permanece em calma, paz, como uma chama apagada. Nem reprimida nem suprimida, mas controlada.

A virgindade tem as raízes mergulhadas no mistério da pobreza. É possível que a virgindade seja o aspecto mais radical da pobreza. Não entendo essa contradição que existe em nossos tempos pós-conciliares nos meios eclesiásticos: a tendência a exaltar a pobreza e a tendência a subestimar a virgindade. Será que não estão entendendo mal uma e outra? Será que certos eclesiásticos querem navegar na onda da moda, exaltando "o pobre" na linha marxista, e rechaçando "a virgem" na linha freudiana? Mas o mistério profundo, tanto da pobreza como da virgindade, desenvolve-se em uma latitude tão distante de Marx e de Freud... no mistério final de Deus.

Solidão, silêncio, pobreza, virgindade – conceitos tão condicionados e entrecruzados – não são nem têm, em si mesmos, valor algum, são vazio e carência de valor. Só um conteúdo lhes dá sentido e valor: Deus.

Virgindade significa pleno consentimento ao pleno domínio de Deus, à plena e exclusiva presença do Senhor. O próprio Deus é o mistério final e a explicação total da virgindade.

É evidente que a constituição psicológica do homem e da mulher exigem mútua complementaridade. Quando o Deus vivo e verdadeiro ocupa, *viva e completamente*, um coração virgem, nesse caso deixam de existir necessidades complementares, porque o coração está ocupado e completamente "realizado". Mas, quando Deus, de fato, não ocupa completamente um coração consagrado, então nasce imediatamente a necessidade de *complementaridade*.

* * *

Os freudianos estão radicalmente incapacitados de entender o mistério da virgindade, porque sempre partem de um pressuposto materialista e, por conseguinte, ateu. Não têm autoridade, falta-lhes a "base" da experimentação e, por conseguinte, "rigor científico", para entender a "realidade" (virgindade "em" Deus) que é essencialmente inacessível, e mesmo inexistente para eles.

A virgindade sem Deus – sem um Deus vivo e verdadeiro – é um absurdo humano, sob qualquer ponto de vista. A castidade sem Deus é sempre repressão e fonte de neurose. Mais claramente: se Deus não está *vivo* em um coração consagrado, nenhum ser normal neste mundo pode ser virgem ou casto, pelo menos no sentido radical desses dois conceitos.

Só Deus é capaz de despertar harmonias imortais no coração solitário e silencioso de uma virgem. Dessa maneira, Deus, sempre prodigioso, origina o mistério da *liberdade*. O coração de um verdadeiro virgem é, essencialmente, liberdade. Um coração consagrado a Deus em virgindade – e habitado de verdade por sua presença – nunca vai permitir, não "pode" permitir que seu coração fique dependente de alguém.

Esse coração virgem pode e deve amar profundamente, mas permanece sempre senhor de si mesmo. E isso porque seu amor é fundamentalmente um amor oblativo e difusivo. O afeto meramente humano pode esconder diferentes e camufladas doses de egoísmo, tende a ser exclusivo e possessivo. É difícil, quase impossível, amar a todos quando se ama uma só pessoa. O amor virginal tende a ser oblativo e universal. Só a partir da plataforma de Deus podemos desdobrar as grandes energias, oferecidas ao Senhor, para com todos os irmãos. Se um virgem não abre suas capacidades afetivas a serviço de todos, estamos diante de uma vivência frustrada e, consequentemente, falsa da virgindade.

É por isso que a virgindade é liberdade. Um coração virgem não pode permitir que pessoa alguma domine ou absorva esse coração, mesmo quando amar e for amado profundamente. Deus é liberdade nele. É possível que o sinal inequívoco da virgindade esteja nisto: não cria dependências nem fica dependente de ninguém. Aquele que é livre – virgem – sempre liberta, amando e sendo amado. É Deus quem realiza esse equilíbrio. Assim foi Jesus.

Se Deus é o mistério e a explicação da virgindade, poderíamos concluir que, quanto mais virgindade, mais plenitude de Deus, e mais capacidade de amar. Maria é *cheia de graça* porque é plenamente virgem. A virgindade, além de liberdade, é plenitude.

Maria é uma profunda solidão – virgindade – povoada completamente pelo Senhor Deus. Deus a completa e acalma. O Senhor nela habita plenamente. Deus a povoa completamente. Essa figura humana que aparece nos Evangelhos, tão plena de maturidade e de paz, atenta e serviçal para com os outros, é o fruto da virgindade, vivida na perfeição.

## *Uma cena íntima*

A cena da anunciação (cf. Lc 1,26-38) constitui uma narração de ouro. A intimidade impregna, como orvalho, as pessoas e os movimentos. Da mesma maneira que, no princípio do mundo, o espírito de Deus pairava sobre a informe massa cósmica (cf. Gn 1,2), nesta cena, a presença de Deus palpita como se pressentíssemos a iminência de um acontecimento decisivo para a História do mundo.

Gechter faz notar que na cena da anunciação respira-se um inimitável e atraente aroma de intimidade.

Para poder captar o "alento" da cena, é preciso suspender a respiração e tomar uma atitude contemplativa, em atenta quietude. William Ramsay diz que a narração perde seu encanto quando é recitada em voz alta.

Temos a impressão de que a cena está sendo presidida por um anjo. Maria está em silêncio. Como de costume, nós a sentimos em um longínquo segundo plano, lá no canto da cena. A jovem observa, reflete e cala.

Não é um silêncio piedoso. É a atitude simples da "escrava que olha para a mão de sua patroa" (cf. Sl 123[122],2), atenta e obediente. O anjo fala tudo. Maria faz apenas uma pergunta e uma declaração.

* * *

Algumas palavras resplandecentes brilharam como espadas (cf. Lc 1,28). Pessoa alguma neste mundo tinha ouvido jamais semelhante saudação. Que foi? Uma visão ótica? Uma presença interior? Uma alocução fonética, talvez silenciosa? Qualquer coisa que tenha sido, a jovem foi declarada pelo céu como privilegiada, encantadora, amada mais que todas as mulheres da terra.

Maria "perturbou-se" (cf. Lc 1,29).

Que quer dizer isto? Emocionou-se? Assustou-se diante da visão, da alocução ou de alguma outra coisa? Ficou nervosa naquele ambiente, ou por causa do tratamento solene com que se dirigiam a ela?

Foi muito mais profundo do que tudo isso. Quando uma pessoa sofre uma perturbação, sua mente fica ofuscada, sente-se incapaz de coordenar ideias. Mas Lucas constata que a Mãe, mesmo perturbada, pensava tranquilamente em qual seria o significado daquelas palavras.

Em que consistiu, então, a perturbação de Maria? Palavras equivalentes à perturbação seriam *perplexidade, confusão*. A situação interior de Maria era como a da pessoa que se ruboriza por um tratamento de que se julga indigna, medindo a desproporção entre o conceito que tinha de si mesma (cf. Lc 1,48) e a majestade das altíssimas expressões com que a qualificavam.

Mais uma vez, emerge desta cena uma criatura cheia de humildade, raiz última da grandeza.

\* \* \*

As expressões aparentemente imperativas do anjo prestam-se a equívocos. Ele diz "conceberás", "por-lhe-ás o nome" etc. Mas no contexto isso não era imposição, mas proposição. Isto é, uma incumbência que, para ser realizada, precisava do consentimento de Maria.

Uma vez que Maria dá o consentimento, submete-se a uma silenciosa passividade. Numa atitude de abandono, submete-se ao processo do mistério. O Espírito Santo ocupa como uma sombra a sua pessoa. Nela opera-se o Mistério Total: o Fruto germina nela, cresce nela, desprende-se dela ao nascer, recebe o nome que tinha sido indicado. Tudo em silêncio.

Aparentemente, é tudo passividade. Na realidade, é fidelidade. Maria "é" a afirmação incondicional e universal da vontade do Pai. Como serva, não tem vontades nem direitos; quem os tem é o Senhor. Cabe a ele tomar as iniciativas. Cabe a ela executá-las com fidelidade, simplesmente e sem dramatizações.

\* \* \*

Também essa passividade presta-se a equívocos. É a passividade bíblica: revolucionária e transformante. A seiva, se quer transformar-se em uma árvore esbelta, tem de submeter-se à passividade.

Se queremos que um pedaço de pão se transforme em vida, uma vida imortal, terá que submeter-se à passividade e permitir que o ataquem e até que o destruam com os dentes, a saliva, os sucos gástricos, os intestinos, o fígado... até que um punhado de aminoácidos se transforme em minha vida, uma vida imortal.

Nunca compreenderemos suficientemente que é mais fácil conquistar que ser conquistado. Nunca compreenderemos suficientemente que o "eis-me aqui" de todos os homens e mulheres de Deus, na Bíblia, é o segredo final de toda grandeza espiritual e humana e de toda fecundidade.

Quando o anjo se retirou (cf. Lc 1,38) fez-se um grande silêncio. Que sentiu Maria, nesse momento? Ficou deslumbrada? Talvez abatida pelo peso daquele mistério? Em todo aquele conjunto de aparição, anjo, palavras, tarefas... e mais a apoteose, o que sentiu Maria? Vertigem? Susto? Surpresa? Alegria?

Se nos lembrarmos do comportamento normal de Maria e de sua espiritualidade de *pobre de Deus*, poderemos deduzir a reação de Maria diante daquele resplendor: "aqui estou", "que quereis de mim?"; "de acordo, meu Pai!".

Mas, apesar dessa humilde disposição, o anjo viu que colocava um peso quase insuportável nos ombros daquela moça. Embora imaculada e privilegiada, não deixava de ser uma criatura, submetida como nós a reações psicológicas, como o temor, a confusão.

À medida que foram passando os dias, e as impressões foram-se esfumando, começando a sentir os primeiros sintomas da gravidez, a jovem gestante poderia sentir-se, um dia, no meio de completa solidão e silêncio, como vítima de sua alucinação e poderia desmoronar sua inteireza diante dos vagalhões do desconcerto, sentindo-se ela como quem navega entre luzes passadas e sombras presentes.

Se isso chegasse a acontecer, onde poderia agarrar-se a pobre criatura? O anjo compreendeu esse eventual drama e estendeu uma mão, depositando nas mãos de Maria uma tábua de salvação: apresentou-lhe um fato paralelo, com que poderia confrontar o próprio caso.

"Também Isabel, tua parenta", disse o anjo, "era estéril, mas agora está grávida no sexto mês, e todos dizem que 'floresceu a estéril', porque para Deus não há nada impossível. Podes verificar se tudo isso não é verdade. E essa verificação servirá como prova de que tudo que acabo de anunciar é verdade" (cf. Lc 1,36-37).

Foi isso? Um auxílio para não naufragar no mar da solidão? Um "sinal" para reforçar sua fé? Assim parece, pelo contexto da anunciação. Foi uma delicadeza "humanitária" por parte do anjo. Apesar da fortaleza espiritual de Maria, há sempre uma margem de fragilidade psicológica para os seres humanos. E Deus é tão compreensivo!

Mas, a partir do que sabemos de Maria, ao longo de sua vida, diria que a envergadura da fé de Maria era tamanha, que a Mãe não precisava de apoios nem de comprovantes. Bastaria ter-lhe dito "para Deus nada é impossível" (Lc 1,37). A *pobre de Deus* não pergunta, não questiona, não duvida, não se queixa. Há explicações e provas demais.

117

# O DRAMA DO SILÊNCIO

*O segredo mais bem guardado*

É impressionante o silêncio de Maria depois da anunciação. O fato de ser Mãe do Messias e o fato de o ser de maneira prodigiosa eram para deixar emocionalmente desequilibrada qualquer pessoa.

É difícil suportar, na solidão e no silêncio, tão enorme peso psicológico. Se a jovem Maria guarda esse segredo, em completo silêncio, estamos diante de uma grandeza humana, cujas circunstâncias vale a pena analisar cuidadosamente.

Maria não contou a ninguém o segredo da encarnação virginal.

Não contou a José (cf. Mt 1,19).

Não contou a Isabel.

Quando Maria chegou a Ain Karim, na casa de Zacarias, Isabel já estava em poder do segredo, ao menos do segredo fundamental, não sabemos se também dos detalhes. Logo que Maria abriu a boca para dizer "shalom", Isabel prorrompeu em exclamações e parabéns. Pode ser que o mesmo anjo Gabriel, que comunicou a Maria o segredo de Isabel (cf. Lc 1,36), tenha contado também a Isabel o segredo de Maria.

\* \* \*

Os nazarenos nunca souberam quando Jesus foi concebido. Se o tivessem sabido, a vida inteira seria pequena para jogar-lhe isso na cara, e os ecos da maledicência não se teriam apagado. O grande prejudicado teria sido o Filho, mais do que a Mãe.

Quando Jesus se apresenta na sinagoga de Nazaré, declarando-se como o Messias esperado, os nazarenos "se irritaram contra ele" (Mc 6,3). E Lucas diz que o perseguiram, como se persegue um cachorro com pedras na mão, encurralando-o em um precipício, para o jogarem dali e o matarem (cf. Lc 4,28-30). Mateus acrescenta que, nessa mesma oportunidade, os nazarenos diziam contra Jesus tudo quanto sabiam de negativo, para rebaixá-lo: que não era mais que eles, que era simplesmente um carpinteiro e filho de carpinteiro, que sua mãe era uma pobre aldeã, que não tinha estudado e era ignorante nas Escrituras, enfim, que todos o conheciam... (cf. Mt 13,53-58).

Dessa maneira, aquela pobre gente descarregava tudo que sabia contra, para diminuir a categoria de Jesus. Não sabiam mais. Se tivessem tido a mais vaga ideia de que Jesus não era propriamente filho de José, com que gosto lhe teriam lançado isso no rosto, com a palavra mais mordaz do linguajar popular: *filho de uma violada* ("harufá").

* * *

Podemos deduzir, portanto, pelo contexto evangélico, que Maria não comunicou a ninguém o segredo sagrado, nem sequer me parece, à sua própria mãe. Se tivesse contado à sua própria mãe, é verossímil que ela tivesse contado, por exemplo, a outra irmã carnal de toda confiança, e assim, depois de algum tempo, o segredo teria escapado para o conhecimento público. Especialmente em um lugar pequeno, onde todos sabem as histórias de todos.

Aquelas personagens, como Simeão e Ana, que foram iluminadas pelo Espírito Santo, e que assinalaram profeticamente o destino de Jesus e de Maria, não tinham nenhuma informação, como se deduz do contexto, sobre a concepção virginal. Por outro lado, nos Evangelhos, Jesus aparece sempre diante da opinião pública como filho de um casamento normal.

Tudo indica, portanto, que o segredo não saiu da boca de Maria. A Mãe afundou, com o seu próprio segredo, no silêncio do coração. Desligou-se da opinião pública, despreocupou-se do "que dirão", abandonou-se à vontade do Pai e ficou em paz.

## Fortaleza na intimidade

Nas circunstâncias em que está a Mãe com a anunciação, qualquer mulher ter-se-ia deixado levar por um arrebatamento emocional.

Milhões de mulheres, em Israel, desde Abraão até Maria, sobretudo desde os dias da realeza, tinham alimentado um sonho dourado: ser mãe do Messias.

Mais: respirava-se em Israel uma espécie de lenda popular, segundo a qual toda mulher que dava à luz passava a participar indiretamente da glória do futuro Messias. Isto é, qualquer mãe, em Israel, partilhava a maternidade do Messias, mesmo que à distância de séculos.

Em consequência desse mito popular, tinha surgido em Israel uma desestima completa pela virgindade, e grande temor da esterilidade, porque ambas impediam as mulheres de entrar na glória messiânica. A maior frustração para uma mulher era ficar solteira, a maior humilhação era a esterilidade. A vergonha de tantas estéreis na Bíblia (Sara, Ana, Isabel...), as lágrimas da filha de Jefté "chorando, pelas montanhas de Israel, a sua virgindade" (cf. Jz 11,38) são um eco da lenda popular.

Pois bem. Nesse momento é anunciado a Maria que aquele sonho fantástico, alimentado por tantas mulheres em Israel, ia realizar-se precisamente nela. E que, além disso, ia consumar-se de uma maneira prodigiosa, com uma intervenção excepcional do próprio Deus. Maria, mulher reflexiva e informada, tomou consciência do alcance dessa comunicação.

Ora, se uma mulher, nessas circunstâncias, é capaz de controlar suas emoções e ficar em completo silêncio, quer dizer que possui uma maturidade fora de série.

Sem uma maturidade excepcional, uma mulher, normalmente, sente-se incapaz de controlar tão sensacionais notícias, é atraiçoada por seus nervos, dobra-se pela emoção, desabafa, chora, conta, se esparrama. Se Maria é capaz de ficar em silêncio, sem comunicar nada a ninguém, carregando todo o peso de tão grande segredo, é porque estamos diante de uma *real senhora de si mesma*.

*  *  *

Qual poderia ser, fora da graça, a explicação psicológica, digamos assim, dessa fortaleza interior da Mãe?

Em primeiro lugar, Maria era uma mulher contemplativa, e todo contemplador possui uma grande maturidade. O contemplador é um ser saído de si mesmo. Um contemplador é, exatamente, uma alma admirada, emocionada e agradecida. Tem uma grande capacidade de assombro.[1]

O contemplador é uma pessoa seduzida e arrebatada por Alguém. Por isso, aquele que contempla nunca está "consigo"; sempre está em *êxodo*, em estado de saída, vol-

---

[1] Consultar a respeito, no livro de minha autoria, *Mostra-me o teu rosto*, o capítulo sobre a vida contemplativa.

tado para o Outro. No contemplador vive sempre um Tu, um Outro.

Pois bem. Em psiquiatria, a capacidade de admirar e o narcisismo estão em proporção inversa. Se o contemplador está sempre de saída *para* o Outro, sem nenhuma referência a si mesmo, não tem dose alguma de narcisismo. Onde não há nenhum grau de narcisismo, não há infantilismo – infantilismo e narcisismo se identificam. Tem plena maturidade, suas reações são marcadas pela objetividade e a sabedoria. Não se exaltará pelos triunfos, nem se deprimirá pelos reveses. Não será dominado, mas senhor de si mesmo.

\* \* \*

Maria, por ser uma autêntica contempladora, tem essa fortaleza interior. Basta analisar o *Magnificat*. *Maria inteira* é uma harpa vibrante, dirigida para o Senhor. Neste hino, a Mãe não tem nenhum ponto de referência de si mesma. Só incidentalmente lembra-se de si, e para declarar que é "humilde serva".

O canto de Maria está na mesma linha, assombrada e contemplativa, do Salmo 8: "Ó Senhor, nosso Deus, como é glorioso teu nome em toda a terra!". E tem as mesmas notas harmônicas de Paulo: "Ó profundidade da riqueza, da sabedoria e do conhecimento de Deus! Como são insondáveis os seus juízos e impenetráveis os seus caminhos!" (Rm 11,33). O *Magnificat* se resume nisto: Isabel, como é magnífico o nosso Deus!

> A tua justiça, ó Deus, é alta como o céu,
> fizeste coisas grandes: quem é como tu, ó Deus?
> (Sl 71[70],19)

Uma mulher admirada como Maria não se importa nem é movida por suas coisas, mas pelas de Deus. Vive desligada de seus interesses. Seu mundo interior não pode ser tocado nem sacudido pelas notícias referentes a ela. Está além e acima das flutuações emocionais.

Não se deprime com as adversidades, não se exalta com as boas notícias. Daí a inamovível estabilidade anímica de Maria.

## *Fecha-se o círculo*

Para chegar ao conhecimento da pessoa e da vida da Mãe, precisamos situar-nos no ambiente cultural e religioso em que Maria viveu, ter presente os costumes da Palestina daqueles tempos. O que hoje chamamos de Palestina, nome que aparece pela primeira vez em Heródoto, abrangia naquele tempo a Judeia, a Samaria e a Galileia, isto é, Israel inteiro. Como os Evangelhos nos falam tão pouco de Maria, sua perspectiva histórica está cheia de lacunas.

Para cobrir esses vazios, vamos adotar uma regra de ouro; o que é comum e normal em seu tempo e em seu povo é comum e normal também para Maria.

\* \* \*

Até os doze anos e um dia, Maria foi considerada, como as outras, uma *menina*. Aos doze anos e um dia, foi declarada *gedulah*, que quer dizer "maior de idade", "núbil". Nessa idade, toda mulher era considerada apta para o matrimônio. A lei supunha que já tivesse adquirido maturidade física e psíquica. Muito depressa, depois de completar os doze anos, de acordo com os costumes do tempo, o pai de família entregava a filha "em esponsais".[2]

Diz Lucas que Deus enviou o anjo Gabriel "a uma virgem prometida em casamento a um homem de nome José" (Lc 1,26).

Maria estava *desposada* e não casada. Com a cerimônia dos *esponsais*, a moça passava a ser *prometida*, e mesmo comprometida, mas não casada. Diríamos hoje que passava a ser noiva. Entre os *esponsais* e o casamento propriamente dito, que se chamava *condução*, havia um intervalo de uns doze meses. Chamava-se condução porque a noiva era *conduzida* solenemente para a casa do noivo.

Durante esses meses, Maria, como as demais *prometidas*, ficou em casa de seu pai. Este era quem preparava o enxoval, o dote da noiva, a data do casamento e também determinava o dinheiro que o noivo devia trazer para o casamento. Exercia sobre a *desposada* a plena *potestas paterna*.

Embora os *desposados* não morassem juntos até o dia da *condução*, os *esponsais* produziam neles o que chamaríamos um verdadeiro vínculo jurídico, que, em certo sentido, equivalia ao matrimônio, e a lei considerava o noivo como *baealah*, "senhor" da prometida.

\* \* \*

Durante os meses dos esponsais, a prometida guardava cuidadosamente a virgindade. Flávio Josefo informa que, de acordo com os costumes da Galileia, durante esses meses os noivos não podiam ficar sozinhos. No dia da "condução", designavam-se duas mulheres para examinar se a

---

[2] Quanto aos costumes e significado dos esponsais, remetemo-nos aos sólidos estudos do exegeta alemão Paul Gechter, em *Maria en el Evangelio*, Bilbao, 1959, pp. 123-195.

noiva estava íntegra. Se se comprovasse que tinha perdido a virgindade, caía sobre ela a maledicência, e era chamada *harufá*, rude expressão que significava "a violada".

Se no tempo dos esponsais a moça tivesse relacionamento sexual com outro homem que não fosse o noivo era considerada adúltera para todos os efeitos, e o noivo – que, juridicamente, se considerava "senhor" – podia dar-lhe, normalmente, o libelo de divórcio. De acordo com o Levítico, podia ser apedrejada em praça pública. E, segundo a informação de Flávio Josefo, se a moça fosse filha de um levita, podia ser queimada viva.

É preciso colocar-se nesse contexto de costumes para apreciar, em toda a sua dimensão, o valor do silêncio de Maria quando ficou grávida antes do casamento.

O círculo estava fechado.

## *Debruçada sobre o abismo*

Foi nesse tempo de prometida que Maria recebeu a comunicação de que ia conceber do Espírito Santo. Viu-se grávida antes de coabitar com José. Estava debruçada sobre um abismo.

> Desse mistério sobrenatural decorriam situações delicadíssimas. Sendo apenas prometida, realizava-se a concepção em um período em que, na opinião dos verdadeiros israelitas, se exclui toda relação matrimonial.[3]

Começava aí o drama do silêncio de Maria. À medida que passassem os meses, as consequências visíveis da encarnação seriam cada vez mais evidentes. Dariam fun-

---

[3] Gechter, op. cit., p. 155.

damento para os murmúrios de que Maria dera um passo desonroso, e mesmo adúltero. Podia ser apedrejada em praça pública, segundo a lei e os costumes. Humanamente estava perdida.

Que fazer? Explicar o que tinha acontecido a alguns familiares, para que eles transmitissem a notícia à opinião pública? A explicação pareceria tão absurda quanto infantil. Todos a ridicularizariam e o rumor maligno se alastraria rapidamente, como o fogo. Pior, os ecos da maledicência haveriam de recair um dia sobre seu Filho.

Que fazer? Consultar pessoas de inteira confiança? Não o fez. A Mãe ficou quieta, tranquila, abandonada nas mãos do Pai. Para saber o que de fato aconteceu, precisamos lançar mão de uma explicação, por assim dizer, mística. Qualquer pessoa que tiver vivido uma forte experiência de Deus compreenderá o que vamos dizer.

* * *

Quando uma pessoa vive intensamente a presença de Deus, quando uma alma experimenta, inequívoca e vitalmente, que Deus é o Tesouro Infinito, Pai Queridíssimo, Todo o Bem e Sumo Bem, que Deus é Doçura, Paciência, Fortaleza... o ser humano pode experimentar tal vitalidade e plenitude, tal alegria e júbilo que, nesse momento, tudo nesta terra, fora Deus, parece insignificante. Depois de saborear o amor do Pai, sente-se que, em comparação, nada vale, nada importa, tudo é secundário. O prestígio? Fumaça e cinza.

Deus é uma maravilha tão grande, que o ser humano que o experimenta sente-se totalmente livre. O "eu" é assumido pelo Tu, desaparece o temor, tudo é segurança, e a pessoa sente-se invulnerável mesmo diante de um exército inteiro (cf. Sl 26). "Nem tribulação, angústia, perseguição, fome, nudez, perigo, espada... nem a morte nem a vida, nem o presente, nem o futuro... nada há de nos separar do amor de Deus" (cf. Rm 8,35-39). Deve ter acontecido isso com Maria.

* * *

Como se explica no capítulo da maternidade, durante o tempo da gravidez, Maria foi "habitada" pelo Verbo e o Espírito Santo *em pessoa*, e as operações trinitárias se realizavam circunscritas, digamos assim, no perímetro somático de Maria. A presença de Deus nela foi única. Vemos, pelo *Magnificat*, que Maria estava passando por uma altíssima experiência de Deus. Sua alma "exulta", louca de júbilo, pelo seu Deus.

Nesses meses, Maria deve ter experimentado, com uma intensidade insuperável, que o Senhor Deus é doçura e ternura, misericórdia e amor, que o Pai é uma esmeralda brilhantíssima, plenitude, algo tão inefável que as palavras jamais expressarão, a mente jamais conceberá e o coração nunca há de sonhar... que tudo o mais, em comparação, não vale nem importa coisa alguma.

Maria teve uma sensação imensa de liberdade, sentiu-se tremendamente segura e até invulnerável diante de qualquer adversidade, podendo dizer com o salmista: "Bendito seja o Senhor! Mostrou para comigo uma bondade admirável, como uma cidade fortificada" (Sl 31[30],22) ou "O Senhor está comigo, nada temo; o que pode um homem contra mim?" (Sl 118[117],6), como se dissesse: "Deus é meu tesouro e meu único bem, podem fazer de mim o que quiserem. Maledicência? Pedras? Chamas? Marginalização? Libelo de repúdio? Nada tem importância. Só meu Deus vale. Só o Senhor é importante. O resto é terra e pó".

E a Mãe ficou em silêncio. Sentia-se imensamente livre.

## *O varão justo*

Compreendemos admirados que Maria guardasse silenciosamente seu segredo. Mas por que não o contou a José? O fato de ter concebido do Espírito Santo e suas consequências interessavam diretamente a José. A partir dos esponsais, José era seu "senhor". Juridicamente, Maria pertencia a José. Por que não lhe contou? É estranho.

Os fatos foram os seguintes: um belo dia chegou aos ouvidos de José, não sabemos como, a notícia talvez suspeita de que Maria estivesse grávida. José, não querendo armar um escândalo público contra Maria, decidiu enviar-lhe secretamente a ata do divórcio. Quando começou a percorrer os trâmites para esse expediente (cf. Mt. 1,18-25), Deus descerrou o véu do mistério.

No fundo desses acontecimentos, vislumbram-se alguns aspectos que enobrecem Maria, e também José.

\* \* \*

Para ponderar a reação de José e seu comportamento nessa cena, temos que lembrar certos elementos da psicologia comum. Diante da opinião pública, uma das maiores humilhações para um esposo, na vida social, é o fato ou o boato de que a esposa é infiel. Nessa circunstância, a reação normal do homem costuma ser sempre violenta. Brilham pistolas e facas. Dizem que é o jeito de limpar a honra.

Se foi sempre assim, podemos imaginar como seria em uma sociedade patriarcal, como a que vivia José. Basta abrir o Levítico. Sabemos o que esperavam as adúlteras: divórcio automático, grande escândalo e uma chuva de pedras.

Por que José não reagiu assim? Vislumbramos deduções muito interessantes. No contexto de Mateus, capítulo primeiro, vemos José perplexo, sem querer acreditar no que estavam dizendo e ele estava vendo. Isso nos permite deduzir a seguinte situação.

* * *

Penso que se refletia no semblante de Maria o fato de ser imaculada, cheia de graça, principalmente em suas reações e em seu comportamento geral. Maria devia ter, desde pequena, um *não sei quê* todo especial. Aquela jovem evocaria alguma coisa divina, envolvendo sua figura e sua personalidade em uma aura misteriosa, ao menos para um observador sensível.

A partir da reação de José, podemos continuar pressupondo que, antes dos acontecimentos que estamos analisando, ele deve ter sentido por Maria alguma coisa como admiração, talvez veneração. Mateus apresenta José como "justo", isto é, sensível para as coisas de Deus. Com essa sensibilidade, José deve ter visto em Maria algo mais do que uma moça atraente; deve ter apreciado nela alguma coisa especial e diferente, um mistério.

Assim entendemos a reação de José. Parece que não pôde acreditar. Confrontou a notícia com a ideia que tinha a respeito dela, ficou perplexo e deve ter pensado: "não pode ser". Era impossível que aquela criatura angelical, que ele conhecia perfeitamente, tivesse dado esse passo. Por outro lado, as evidências estavam à vista. Que seria? Que devia fazer?

Devia ser tão grande sua estima por Maria que decidiu, o que quer que tivesse acontecido, a não dar rédea solta à violência típica do homem enganado, mas a sofrer em silêncio toda aquela situação, eventualmente ausentando-se de Nazaré, contanto que Maria não fosse maltratada pela opinião pública.

Tudo isso mostra como devia ser grande a veneração de José por Maria, e quão "venerável" devia ser Maria, desde pequena. Ao mesmo tempo, essa reação nos dá um retrato integral de José: sensível para as coisas de Deus, mais preocupado com os outros do que consigo mesmo, capaz de compreender e de perdoar, capaz de controlar-se para não se deixar levar a uma decisão precipitada, capaz de esperar e de sofrer em vez de fazer sofrer, capaz de amar oblativamente.

## Sigilo reverente

Apesar do que foi dito, permanece a pergunta: por que Maria não comunicou a José uma notícia que lhe dizia respeito diretamente?

Maria tinha de entender, obviamente, que mais cedo ou mais tarde José ficaria sabendo, e que quanto mais tarde pior para ela. Por que se calou? Teria pensado que José não seria capaz de compreender tão alto mistério – na realidade, ninguém seria capaz – e era melhor ficar em silêncio? Teria calculado que José não acreditaria na explicação objetiva do fato? O fato era tão inaudito que qualquer pessoa ia pensar numa desculpa infantil. Seria isso? Um silêncio calculado?

* * *

Não foi tática. Quanto posso intuir, tratou-se de um sigilo reverente diante da presença do enorme Mistério. Está aqui a explicação definitiva do desconcertante silêncio. Maria ficou abismada e profundamente comovida pelo mistério da encarnação.

Como sabemos, ela era uma jovem inteligente e ponderada. Mediu exatamente a importância da transcendência do duplo prodígio: Mãe de Deus e maternidade virginal. Ela, que era tão humilde e se tinha como "humilde serva" (Lc 1,48), sentiu-se fortemente sensibilizada, entre emocionada, agradecida e confundida, considerando-se indigna de tudo aquilo, e tomou consciência de que a melhor homenagem, a melhor maneira de agradecer e de ser fiel a tanta gratuidade era reverenciar todo aquele mistério com um silêncio total.

Tudo aquilo era tão único e sagrado que lhe pareceu uma profanação comunicá-lo a um ser humano, mesmo tratando-se de José. Assim, para não revelar o segredo mais sagrado da história e para ser fiel a Deus com seu silêncio, Maria estava disposta a sofrer qualquer consequência: a maledicência popular, a ata do divórcio, pedras, chamas, marginalização social e solidão humana. Qualquer coisa.

Tudo que era de Deus era tão grande, e o humano tão pequeno... Deus era de tal maneira Prêmio-Herança-Presente-Riqueza! E ela tinha sido tratada com tanta predileção, que todo o resto não valia nada.

E a Mãe ficou em silêncio, despreocupada, tranquila. Deus é grande.

* * *

E o Senhor, emocionado pela fidelidade silenciosa de sua Filha, veio em seu auxílio.

Com uma intervenção fora de série, Deus a havia posto num beco sem saída. O único que poderia tirá-la daquele atoleiro era o próprio Deus, com outra intervenção extraordinária. E assim o fez.

Uma revelação interior, inequivocamente sentida, falou a José: "José, deixa de lado esses temores. Maria não é qualquer mulher da rua. É a escolhida entre as mulheres de todos os tempos. O Senhor pôs seus olhos sobre ela e a achou encantadora. Maria não cometeu nenhum erro. O que foi gerado nela é atuação direta e excepcional do Espírito Santo. José, leva-a tranquilamente para tua casa, e guarda-a como santuário vivo de Deus" (cf. Mt 1,20-24).

* * *

Deve ter sido infinita a delicadeza com que José se aproximou de Maria a partir desse momento. Se, pelo contexto do capítulo primeiro de Mateus, vislumbramos que José tinha suspeitado algo diferente em Maria, a revelação deve ter confirmado seus pressentimentos.

A partir daí, deve ter sido total o respeito de José para com Maria. Um homem sensível para as coisas de Deus como José deve ter tratado Maria com uma atitude feita de reverência, carinho e admiração. Em um homem "tocado" por Deus foram transcendidos e sublimados os laços afetivos meramente humanos, e Maria foi para José, desde então, mais que uma moça atraente: um reverente santuário de Deus vivo, uma mulher quase adorável.

Conforme a opinião de muitos – pessoalmente, parece-me uma explicação muito aceitável –, Maria e José devem ter desde então resolvido viver uma vida virginal no estado matrimonial.

Os dois haveriam de cuidar e de proteger Jesus, fruto direto de Deus, germinado nas entranhas solitárias da Santa Mãe. Deus tinha escolhido aquela casa e aquele trinômio como morada especialíssima, mais santa que a arca da Antiga Aliança. Valia a pena superar as leis da carne e viver em estado de adoração.

* * *

É interessante a reação de José depois dessa revelação. Pelo versículo 24 do primeiro capítulo de Mateus, temos a impressão de que José tomou imediatamente a iniciativa; fez com que se preparasse imediatamente tudo que era preciso para a *condução* e, em cerimônia solene, recebeu-a como esposa.

Deus o havia encarregado de cuidar de Maria e do Filho, e sua primeira preocupação foi evitar que se levantasse um boato maldoso contra a Mãe – e mais tarde contra o Filho – já que começavam a notar os primeiros sintomas da gravidez. Daí a sua pressa.

José aparece como um homem delicado e de grande iniciativa.

## PRODÍGIO NO SEIO DO SILÊNCIO

### *Amizade e comunhão*

Quando há uma verdadeira vida com Deus, a fase da imersão em sua intimidade corresponde e sucede a fase de doação entre os seres humanos. Quanto mais intenso tiver sido o encontro com o Pai, mais extensa será a abertura entre os seres humanos.

Um trato com Deus que não leve a uma comunhão com os seres humanos é uma simples evasão em que, sutilmente, a pessoa busca a si mesma. Tem de haver um perpétuo questionamento entre a vida com Deus e a vida com os seres humanos, que devem combinar uma com a outra integradamente, condicionando-se mutuamente, sem dicotomias.

Maria tinha vivido, na vertical, uma intimidade sem precedentes com Deus. Essa intimidade vai abri-la para uma comunhão, também sem precedentes, com os irmãos, representados, no caso, em Isabel. Deus é assim. O verdadeiro Deus é aquele que nunca deixa em paz, mas sempre deixa a paz. O Senhor sempre desinstala e conduz seus amigos para o compromisso com os semelhantes.

A Mãe, depois de ter vivido as grandes emoções da anunciação, não ficou saboreando o banquete. Ao contrário, as energias nascidas do contato com o Senhor deram-lhe asas para voar, cruzando as montanhas da Judeia para a casa de Isabel (cf. Lc 1,39).

* * *

O próprio Deus as tinha unido. O Senhor tinha revelado a Isabel o que acontecera com Maria, dando ao menos a informação substancial, e talvez até os pormenores. O mesmo Senhor revelou a Maria o que tinha acontecido em Isabel (cf. Lc 1,36).

Ambas estavam emocionadas e agradecidas por terem sido, em diferentes graus, objeto de predileção da parte do Altíssimo.

Isabel não saiu de casa durante os cinco primeiros meses de gestação (cf. Lc 1,34). Por quê? Para que não a vissem? Ela mesma dizia que o Senhor a havia libertado de sua humilhação (cf. Lc 1,25). Portanto, considerava a gravidez como um motivo de santo orgulho.

É possível que também Isabel tivesse ficado impressionada com a atuação do Todo-Poderoso, que intervinha de modo excepcional na natureza e na história, através dela, Isabel. E provavelmente escondeu-se em casa durante os primeiros meses, em silêncio e interioridade, para viver intensamente tamanha gratuidade do Senhor.

Suas próprias palavras refletem essa impressão, como nos conta Lucas: "permaneceu escondida durante cinco meses, e dizia: 'Assim o Senhor fez comigo nestes dias: ele dignou-se tirar a vergonha que pesava sobre mim'" (Lc 1,25).

\* \* \*

Parece que Maria se preparou para a viagem com alguma urgência, e que a viagem foi feita com certa pressa. Por que essa urgência? Para verificar a gravidez de Isabel, e assim, paralelamente, sentir-se ela mesma confirmada na veracidade da anunciação? Para desabafar, falando sobre o grande segredo, já que Isabel era a única que o sabia? Talvez para ter uma defensora, como suspeita Gechter, no caso de ser acusada de adultério?

Seja como for, as palavras de Lucas "naqueles dias, Maria partiu apressadamente" (Lc 1,39) mostram que a viagem de Maria foi feita nos dias que se seguiram à anunciação, de modo que deve ter sido curto o tempo entre a anunciação e a visitação.

Mas seria ingênuo pensar que Maria se levantou na mesma hora e viajou para a região montanhosa da Judeia. A jovem precisava do consentimento do pai, sob cuja tutela ainda se achava. Precisava também da autorização de José, seu "senhor" (*baealah*) desde os esponsais.

Como conseguiu as duas autorizações? Era uma situação delicada a sua. Como não demonstrar a verdadeira razão da viagem, evitando transparecer o mistério da encarnação virginal, e ao mesmo tempo dar uma explicação convincente da viagem? Com restrições mentais? Não nos esquecemos de que, mesmo sendo muito jovem, sua espiritualidade tinha deixado nela um sedimento de maturidade, equilíbrio e sabedoria.

Imaginamos que a Mãe tenha ideado, com uma combinação de veracidade e sabedoria, uma explicação satisfatória para conseguir a autorização para a viagem. Tudo indica até que ponto ela esteve nas mesmas dificuldades e apuros em que nos vemos nós, pobres mortais.

\* \* \*

Maria não podia viajar sozinha. Tinha que conseguir uma comitiva ou integrar-se em uma caravana. Precisou atravessar a Galileia, a Samaria e parte da Judeia. Na última parte desse caminho, na estrada de Jericó a Jerusalém, aconteceu o fato narrado na parábola do bom samaritano (cf. Lc 10,30-37).

O fato de viajar "com presteza", segundo Gechter, não se refere a um certo nervosismo ou estado anímico, para partilhar o Segredo ou confirmar a informação do anjo, mas a uma viagem sem paradas e sem entrar em Jerusalém.

A tradição situa a casa de Zacarias em um lugar chamado Ain Karim, seis quilômetros a oeste de Jerusalém. A Mãe chegou e saudou Isabel (cf. Lc 1,40). Estranho! Entra na casa de Zacarias e saúda Isabel. Entre os judeus, o homem tinha toda a importância e responsabilidade, ainda mais quando se tratava de um sacerdote, como no caso presente. Contra todo o protocolo social, aqui estava o Espírito Santo, que sacudiu Isabel para fazê-la dizer palavras proféticas (cf. Lc 1,41-43). Foi o próprio Deus quem falou pela boca de Isabel.

* * *

Isabel era uma matrona entrada em anos, "de idade avançada" (Lc 1,7). O contexto de Lucas faz supor que já havia passado para ela a idade normal de ter filhos.

> Devemos considerar Isabel na plenitude dos 60 anos. Se Maria era primogênita, sua mãe teria, dentro dos cálculos normais, uns 28 anos; alguns anos mais se Maria tinha alguns irmãos mais velhos.[4]

Por isso era impossível que Isabel fosse prima de Maria, como se costuma dizer. Maria teria, nesse tempo, entre 12 e 15 anos. Isabel deveria ser sua tia, talvez tia-avó. Mas isso não tem importância.

* * *

É realmente estranho que duas mulheres, tão distantes na idade, estivessem tão próximas pelo coração. Alguma coisa estabelecia uma comunicação entre elas, superando a distância da idade. Como chegaram a semelhante intimidade? Pelo parentesco? Não é sempre que acontece tal comunicação entre parentes.

Poderíamos adiantar uma hipótese. Na primeira suposição, assim como João Batista e Jesus haveriam de estar unidos em seus destinos e em suas vidas, o Espírito Santo

---

[4] Ibid., p. 202.

fez com que também as mães tivessem uma comunhão especial. O que, por outro lado, indicaria que as duas mães tiveram uma influência decisiva na formação e espiritualidade dos próprios filhos.

Há outra suposição; Isabel aparece no Evangelho como uma mulher de grande sensibilidade interior, desse tipo de mulheres que possuem uma penetrante intuição para detectar, com exatidão, as vibrações espirituais, onde quer que estejam. E Maria, como explicamos, deve ter tido uma aura especial desde pequena, pelo fato de ser imaculada e estar predestinada para Mãe de Deus.

Ora, é provável que, desde que Maria era menina, Isabel tivesse detectado nela uma alma privilegiada, pela profundidade e precocidade de sua vida espiritual. Talvez tenha mesmo vislumbrado nela, embora entre penumbras, um alto destino, talvez a pureza original da imaculada e, de qualquer forma, uma riqueza espiritual excepcional.

Nesta suposição, houve anteriormente entre as duas um intercâmbio de intimidades, de suas experiências pessoais nas "coisas" de Deus, apesar da diferença de idade.

* * *

Na cena de Lucas 1,39-56, Maria escuta e reflete. Quando a Mãe rompe o silêncio, parte-se de emoção e canta a seu Senhor. Suas palavras, mais que um canto, são uma exaltação. Pelo *Magnificat* podemos deduzir que, como nos grandes contemplativos, Deus desperta em Maria um júbilo indescritível. Esse é um dado válido para confirmar nossa convicção de que a Mãe não só pertence à estirpe dos contemplativos, mas é a coroa e modelo de todos eles.

Maria ficou cerca de três meses com Isabel (Lc 1,56). De que falaram durante esses três meses? Qual foi o assunto central de suas conversas?

Na minha opinião, o *Magnificat*, talvez também o *Benedictus*, reflete o fundo dessas conversas e do intercâmbio de suas impressões.

Falaram na consolação de Isabel, das promessas feitas a nossos pais, da misericórdia derramada de geração em geração, desde Abraão até nossos dias, da exaltação dos pobres e da queda dos poderosos.

Mais do que falar dos pobres, dos profetas e dos eleitos, falaram principalmente do próprio Senhor, de Javé Deus. Quando alguém se sente intensamente amado pelo Pai, não consegue falar senão sobre ele. A Mãe, ao recordar como foi centro de todos os privilégios, desde a imaculada concepção até a maternidade virginal, sentiria uma comoção única, falando de seu Deus e de seu Pai. Diz Resch:

> Jamais se poderia encontrar expressão mais alta de sublimes sentimentos do que os que devem ter animado Maria naquele momento.

Todas as emoções que aquelas duas mulheres excepcionais sentiram e comunicaram estão refletidas no *Magnificat*, que não é outra coisa senão um desabafo espiritual e um resumo das impressões e vivência das duas mulheres.

Deus, o próprio Deus, foi o fundo e o objeto de suas emoções, de suas expansões e de suas expressões durante esses três meses em Ain Karim.

* * *

Todos os exegetas estão de acordo em que emerge, dos sete primeiros capítulos, uma figura feminina de perfis muito específicos: delicada, concentrada e silenciosa.

Por isso mesmo, Harnack achava "surpreendente" que Maria rompesse seu habitual silêncio e intimidade com um canto exaltado. A isso responde Gechter, com uma explicação psicológica muito plausível:

> Sua profunda piedade viu-se envolvida pela grandeza do que Deus tinha feito nela.
> Não se podia pedir mais que isso para que o caráter silencioso da virgem transbordasse com um ímpeto jubiloso de palavras.
> Sendo essa uma ocasião excepcional, não há nenhuma contradição com seu habitual recato e modéstia.[5]

\* \* \*

Naturalmente, não foi apenas uma efusão espiritual, uma comunicação fraterna. Foi mais do que isso. Houve também solicitude e ajuda fraterna.

Se o anjo diz a Maria que Isabel está em seu sexto mês, e logo depois dessa comunicação Maria vai para casa de Isabel, e o Evangelho acrescenta que "Maria ficou três meses com Isabel" (Lc 1,56), podemos deduzir com toda a naturalidade que a Mãe ficou em Ain Karim até depois do parto de Isabel.

Maria emerge como uma jovem delicada, com grande sentido de serviço fraterno. É fácil imaginar a situação. Isabel está em gravidez adiantada, com eventuais complicações biológicas em virtude de sua idade avançada, e se tornou meio incapaz para os trabalhos domésticos. Zaca-

---

[5] Ibid., p. 217.

rias estava mudo, psicologicamente "ferido". Certamente viviam os dois sozinhos. A Mãe foi, para eles, uma bênção caída do céu.

Podemos imaginar Maria, como aparece sempre, atenta e serviçal; podemos imaginá-la nas tarefas domésticas cotidianas: cuidando da comida e da limpeza, lavando e costurando roupas, preparando tudo que é preciso para um bebê, ajudando Isabel em suas delicadas tarefas pré-natais, fazendo-se um pouco de enfermeira e um pouco de parteira – há tarefas privativas do mundo feminino –, consolando Zacarias com a misericórdia do Pai, preocupada, em qualquer momento, com os mil detalhes domésticos...

Foi a própria delicadeza em pessoa.

* * *

## Por que Maria se casou?

Há algumas décadas, Paul Gechter despertou uma violenta polêmica com sua interpretação exegética de Lucas 1,34. O autor opinava que Maria, com suas palavras "não conheço varão", referia-se à sua situação presente e não aludia ao voto de virgindade.

Era como se dissesse: "Anjo Gabriel, como poderia ficar grávida agora, se estou no período dos esponsais, não coabitei nem posso coabitar com José até o dia da *condução?*". Conforme a interpretação do exegeta alemão, essas palavras não têm alcance intemporal, não podem estender-se ao passado e ao futuro, como se dissesse: "Não conheci, não conheço nem tenho intenção de conhecer varão", mas o verbo "não conheço" precisa ser entendido rigorosamente no tempo presente.

Da mesma opinião participa outro notável exegeta alemão, Josef Schmid[6] do grupo chamado *Comentário de Ratisbona*, segundo o qual, as citadas palavras referem-se ao fato de que "naquele momento era apenas noiva e não casada", e nessas palavras não se pode ver a "expressão de um voto, ou ao menos o propósito firme de uma virgindade perpétua".

Entretanto, a tradição católica, seguindo a interpretação de Santo Agostinho, deu ao verbo "não conheço", no presente, uma amplidão que abarca o passado, o presente e o futuro, como se fosse um verbo impessoal que abrangesse todos os tempos da conjunção verbal.

É como se dissesse: "Não tenho intenção de ter relações matrimoniais com nenhum homem, em toda a minha vida". Todos os idiomas, precisa Ricciotti, até os modernos, usam o tempo presente com uma intencionalidade extensiva para o futuro, como quando dizemos; eu não me caso com essa mulher... Maria teria falado nesse sentido em Lucas 1,34.

* * *

É preciso distinguir duas coisas: a maternidade virginal e a virgindade perpétua.

A maternidade virginal é um dado constatado pelo Evangelho de muitas maneiras e, do ponto de vista da fé, um fato inquestionável. Os que o negam são os que não admitem o milagre por princípio.

A virgindade perpétua tem fundamentos bíblicos, mas sua força principal emana da Tradição. É doutrina dogmática, definida no Concílio de Latrão, no ano de 659. Em todo

---

[6] *El Evangelio según san Lucas*. Barcelona, 1968. pp. 61-72.

caso, a virgindade perpétua é um dos pontos mais firmes da mariologia e um dos ensinamentos mais sólidos e antigos da Igreja.

Não cabe a este livro penetrar em terreno tão vasto com preocupação crítica. Mas falamos muitas vezes sobre o valor e o significado da virgindade.

* * *

A meu ver, o argumento bíblico mais forte, embora indireto, sobre a virgindade perpétua de Maria está no fato de Jesus, ao morrer, entregar sua Mãe aos cuidados de João.

Se Maria tivesse tido mais filhos, teria sido um absurdo, do ponto de vista afetivo e jurídico, entregá-la aos cuidados de um estranho, estabelecendo, além disso, uma relação materno-filial com ele (João). Embora esse episódio (cf. Jo 19,25-28) encerre também um significado messiânico, como explicamos amplamente em outro momento, não exclui, em Jesus, a intenção de um encargo familiar, e assim o interpretou João, já que "a acolheu no que era seu" (Jo 19,27)

Para mim, esse fato tem uma força incontrastável, embora indireta, sobre a virgindade perpétua de Maria. Parece-me o argumento bíblico mais forte. Quando Jesus morreu, filho único, Maria ficou só, sem nenhum familiar direto, e João foi encarregado de cuidar dela com carinho até o fim de seus dias.

* * *

Que dizer, então, do voto de virgindade perpétua? Hoje em dia, toma corpo uma força cada vez maior, entre os especialistas em mariologia, a ideia de que Maria deve ter concebido, decidido e formulado a decisão de viver em virgindade, depois da anunciação. Pessoalmente, parece-me muito acertada essa intuição, a partir de nossos conhecimentos sobre a personalidade da Mãe.

Já sabemos que Maria era mulher de reflexão e interioridade. Deve ter ficado fortemente sensibilizada e profundamente impressionada ao perceber de que maneira Deus, contra a opinião pública da história de Isabel, apreciava a virgindade, e de que maneira o Senhor associava definitivamente a virgindade ao mistério da encarnação.

A Mãe, conforme seu costume, deve ter feito essa "novidade" dar voltas e mais voltas em seu interior, com um grande impacto para ela mesma. À luz da presença do Espírito Santo, pensando que nunca ninguém tinha ficado grávida sem coabitar com um varão, que para Deus tudo é possível, comovida e agradecida porque justamente ela tinha sido escolhida para a consumação dessa prodigiosa maternidade na virgindade, teria amadurecido a ideia – até sua formulação completa – de fazer ao Senhor a *homenagem* de ficar sempre virgem. Se a pessoa do Filho de Deus ia ocupar aquele seu seio, não seria decoroso que nenhum outro ser o ocupasse. Aquele corpo seria só de Deus.

\* \* \*

Por que se casou? Com a anunciação, mudaram-se todos os seus planos. Fora colocada num torvelinho de acontecimentos que a punham numa situação "fora de série", em todos os sentidos.

Antes da anunciação, como explica Schmid,[7] Maria preparava-se para o casamento, e um casamento normal.

---

[7] Ibid., p. 62.

Mas agora, depois desses acontecimentos, já que seu destino era excepcional, tinha que viver também em uma situação de exceção.

Por que se casou? Se Maria tivesse um filho sem ser casada, criar-se-ia uma situação insustentável para ela, e principalmente para o filho.

É fácil imaginar a situação: em um lugarzinho onde o universo humano é muito limitado, onde todos sabem as "histórias" – aumentadas – de todos, onde as pessoas vivem presas a preconceitos e costumes, onde mal existe privacidade para as pessoas, porque tudo está descoberto, prato fácil e saboroso para as más línguas... não é difícil imaginar a situação insustentável de Maria se fosse mãe solteira. Pior ainda, para Jesus viria a ser impossível qualquer atividade evangelizadora.

* * *

Como explicamos anteriormente, deve ter sido infinita a delicadeza com que José se aproximou de Maria, depois que o céu lhe revelou o destino e a dignidade de sua noiva.

Os dois, tão sensíveis para as coisas de Deus, depois de longas conversas, teriam chegado ao compromisso de viver unidos em matrimônio virginal, dando cobertura ao sacrossanto mistério da Encarnação e colaborando com Jesus Cristo na salvação do mundo.

Um leitor moderno dificilmente poderá entender isto, em razão do ambiente secularizado e freudiano em que vivemos todos. Para entender, seria preciso "entrar" no mundo das pessoas para as quais a única realidade é Deus.

## *Consumou-se o prodígio*

Quando o anjo foi embora, começou o prodígio. O Espírito Santo, portador da potência criadora do Pai, desceu e ocupou todo o universo de Maria. Como foi? Que aconteceu no primeiro minuto? Na primeira hora? No primeiro dia?

No dia de Pentecostes, o Espírito Santo resplandeceu como chamas de fogo e sacudiu a terra, embora não se tratasse de sua presença "pessoal", mas da força de seus efeitos. Mas sobre Maria houve uma descida "pessoal". Como foi? Que aconteceu? Houve um estremecimento ocasional, talvez somático? Maria ficou desmaiada, paralisada, como que possuída por uma força estranha e sobre-humana? Como foram seus primeiros dias, suas primeiras horas?

* * *

Como não dispomos de nenhuma indicação bíblica a esse respeito, vamos apoiar-nos em duas bases: o estilo de Deus e o estilo de Maria.

Quanto à atuação normal de Deus, sabemos que ele, desde infinitas eternidades, foi silêncio. Deus habita na profundidade das almas, em silêncio. Age no universo e na história como um desconhecido. Para uns, Deus dorme. Para outros, está morto. Para outros, é nada. Deus procura a noite, ama a paz. Diz a Bíblia que Deus não está no barulho (cf. 2Rs 19,11).

Quanto ao estilo de Maria, já sabemos de suas atitudes: sempre retirada para o segundo plano, humilde, modesta...

Uma combinação desses dois estilos dar-nos-á a ideia de como sucederam os fenômenos: o mundo não ficou em suspense, não se paralisou a ordem universal nem a história suspendeu a respiração. Ao contrário, tudo sucedeu *naturalmente, silenciosamente.* Nunca como nesse momento tiveram tão cabal cumprimento as solenes palavras da Sabedoria:

> Quando um tranquilo silêncio envolvia todas as coisas e a noite chegava ao meio do seu curso, a tua Palavra todo-poderosa, vinda do céu, do seu trono real, precipitou-se, como guerreiro impiedoso, ao meio de uma terra condenada ao extermínio (Sb 18,14-15).

O contexto evangélico, que analisamos em diversas passagens deste livro, indica que os nazarenos não viram nada de extraordinário nela, como também não o viram seus parentes mais próximos, nem seus pais. O grande mistério não transcendeu a pele de Maria.

Como a virgindade é silêncio e solidão, no silencioso seio da virgem solitária consumou-se o prodígio sem clamor nem ostentação.

Pois bem. Se exteriormente não houve manifestações, em seu interior deve ter havido grandes novidades, e a intimidade da Mãe deve ter ficado iluminada e sobremaneira enriquecida. Sua alma deve ter ficado povoada de graças, consolações e visitações.

Pode ser que também o semblante de Maria tenha mudado. Em que sentido? Se nos parece sempre concentrada, nesse tempo deve ter parecido mais inclinada para dentro, para viver com sua nova intensidade aquela Presença única da Plenitude do Espírito e do Verbo Eterno.

\* \* \*

Nesses nove meses, a Mãe, vivendo uma identificação simbiótica e uma intimidade edificante com Aquele que ia germinando silenciosamente dentro dela... deve ter experimentado uma coisa única que jamais se repetirá.

Como sabemos, entre a gestante e a criatura em seu ventre dá-se o fenômeno da simbiose. Duas vidas constituem uma só vida. A criatura respira pela mãe e da mãe. Alimenta-se da mãe e pela mãe, através do cordão umbilical. Numa palavra, duas pessoas com uma vida, ou uma vida com duas pessoas.

Naturalmente, a Mãe não sabia nada de fisiologias. Mas uma mulher inteligente como Maria intui – e sobretudo "vive" – essa realidade simbiótica.

Como, além do mais, era uma mulher profundamente piedosa, aquele fenômeno deve ter-lhe causado uma sensação indescritível, no seguinte sentido. A criatura *dependia* do Criador, de tal maneira que, se ele retirasse sua mão criadora, a criatura (Maria) iria verticalmente para o nada. E, ao mesmo tempo, o Criador dependia da criatura, de tal maneira que, se a criatura deixasse de alimentar-se, ele corria o risco de vida. Fenômeno que nunca tinha acontecido nem haveria de acontecer jamais.

Se a simbiose é um fenômeno fisiológico, o mesmo fenômeno, quando psíquico, chama-se *intimidade*.

Toda pessoa, como realidade experimental e psicológica, é interioridade. Ora, quando duas interioridades se entrecruzam e se projetam mutuamente nasce a intimidade, que não é senão uma simbiose espiritual, pela qual, de duas presenças, forma-se uma só presença.

Pois bem, a Mãe experimentou simultaneamente a simbiose fisiológica e a intimidade espiritual. Como deve ter sido! Nem a intuição feminina mais penetrante, nem a imaginação mais aguda poderão jamais imaginar a altura e a profundidade, a amplitude e a intensidade da vida da Mãe naqueles nove meses.

Nas longas noites, dormindo ou acordada, em suas caminhadas para a fonte ou para a colina, na sinagoga ou nas orações rituais determinadas pela Torá, quando trabalhava na horta ou cuidava dos rebanhos, quando tecia a lã ou amassava o pão... A Mãe abismada, sumida, endeusada, concentrada, compenetrada e identificada com Aquele que era a vida de sua vida, alma de sua alma... Jamais mulher alguma viveu, na história do mundo, semelhante plenitude vital e tamanha intensidade existencial.

*  *  *

O silêncio parou e se encarnou em Maria, juntamente com o Verbo. Nesses nove meses, a Mãe não precisou rezar, se por rezar se entende vocalizar sentimentos ou conceitos. Nunca a comunicação é tão profunda como quando não se diz nada e nunca o silêncio é tão eloquente como quando nada se comunica.

Aí, durante esses nove meses, tudo se paralisou. E "em" Maria e "com" Maria tudo se identificou: o Tempo, o Espaço, a Eternidade, a Palavra, a Música, o Silêncio, a Mãe, Deus. Tudo foi assumido e divinizado. *O Verbo se fez carne.*

## *Cenas breves*

Na noite de Natal, a Mãe se revestiu de doçura e o silêncio escalou o seu mais alto cume.

Aqui não há casa. Não há berço. Não há parteira. É noite. Tudo é silêncio.

A noite de Natal está cheia de movimento: chega a hora de dar à luz. A Mãe dá à luz, envolve o recém-nascido em faixas, deita-o na manjedoura, a música angelical rompe o silêncio noturno, o anjo comunica aos pastores a notícia de que chegou o Esperado, dá-lhes o sinal para identificá--lo. "Vamos depressa", dizem os pastores. Chegam à gruta, encontram Maria, José e o Menino deitado na manjedoura; oferecem-lhe certamente alguma coisa para comer ou algum presente, contam-lhes o que tinham visto e ouvido nessa noite, e os ouvintes se admiram...

No meio disso tudo, que fazia, que dizia a Mãe? "Maria guardava todas estas coisas, meditando-as no seu coração" (Lc 2,19). Inefável doçura, no meio de uma felicidade infinita. Tudo é silêncio.

Muitas mães, quando dão à luz, choram de alegria. Podemos imaginar a intensidade da alegria da Mãe. Nunca a experiência é tão profunda como quando não se diz nada.

\* \* \*

Naquele dia houve uma grande comoção no Templo de Jerusalém.

Um venerável ancião, sacudido pelo Espírito Santo, tomou em seus braços o Menino, disse que agora podia morrer em paz porque seus olhos tinham contemplado o Esperado, cujo destino seria destruir e construir, derrubar e levantar, e disse à Mãe que estivesse preparada porque também ela seria envolvida no fragor daquele destino de ruína e ressurreição. E Ana, uma venerável octogenária, sentiu-se repentinamente rejuvenescida e começou a falar maravilhas daquele Menino...

No meio da comoção geral, que fazia, que dizia a Mãe? Ficava admirada "com aquilo que diziam do menino" (Lc 2,33).

Mas a Mãe deve ter vivido tão intensamente aqueles episódios, que lhe ficaram vivamente gravados os nomes, a idade e as palavras daqueles anciãos e, depois de muitos anos, retransmitiu tudo, fielmente, à comunidade primitiva.

* * *

No Calvário, a Mãe é uma piedosa figura de silêncio.

O Calvário está repleto de música fúnebre, de movimento, de vozes, de presenças, de sucessos telúricos: a cruz, os cravos, os soldados, os ladrões, o centurião, os sinedritas, tremor de terra, o rasgar-se do véu do Templo, a escuridão repentina, as zombarias, as palavras: "Pai, perdoa-lhes! Eles não sabem o que fazem!"; "... hoje estarás comigo no Paraíso"; "Meu Deus, meu Deus, por que me abandonaste?"; "Mulher, eis o teu filho!"; "Tenho sede!"; "Pai, em tuas mãos entrego o meu espírito"; "Está consumado"...

No meio dessa terrível sinfonia, que fazia, que dizia a Mãe? "Junto à cruz de Jesus estava de pé sua Mãe" (cf. Jo 19,25). No meio desse cenário desolador, essa mulher, de pé, é silêncio e solidão, como uma pedra muda. Nem gritos nem histerias, nem desmaios, talvez nem lágrimas.

O profeta Jeremias tinha imaginado Maria como uma cabana solitária no alto da montanha, batida por todos os furacões.

Aqui, no Calvário, o silêncio de Maria transformou-se em adoração. Nunca o silêncio significou tanta coisa, como nesse momento: abandono, disponibilidade, fortaleza, fidelidade, plenitude, elegância, fecundidade, paz...

Nunca uma criatura viveu um momento com tanta intensidade existencial, como Maria no Calvário.

* * *

Em resumo, não sabemos nada de Maria. Não sabemos quando morreu, onde morreu, nem sequer se morreu.

Existem mil teorias sobre os anos que ela viveu. Todas as teorias carecem de fundamentos.

Mil teorias sobre o lugar em que a Mãe morreu. Uns dizem que em Éfeso, outros que em Esmirna, outros que em Jerusalém. Nenhuma teoria tem fundamento sólido.

Duas teorias sobre a morte de Maria ou se, sem morrer, foi levada ao céu em corpo e alma. Uns dizem que Maria não podia morrer porque era imaculada. E a morte é consequência do pecado. Por isso, sem morrer, foi assunta ao céu em corpo e alma. Outros dizem que, para imitar Jesus, Maria submeteu-se à lei da morte: morreu, Deus a ressuscitou e a levou em corpo e alma para o céu.

Uns e outros esperavam que Pio XII dissesse a palavra final, por ocasião da definição dogmática da Assunção, em 1950. Supunham que o Papa, ao proclamar que Maria foi levada em corpo e alma ao céu, teria que determinar se isso ocorreu antes de morrer ou uma vez morta e ressuscitada. Chegou o momento e Pio XII não disse nada a respeito.

* * *

Maria aparece na história como por surpresa. E desaparece logo depois, como quem não tem importância. Uma famosa canção antiga dizia:

> E não nos esqueçamos
> de que, por um breve e brilhante momento,
> houve um Camelot.

Por um breve e brilhante momento, apareceu a Estrela e disse: "Só Deus é importante". E a Estrela desapareceu.

## CAPÍTULO IV

# A mãe

*O nome desse formoso jovem
estava escrito sobre a neve.
Quando o sol saiu, a neve se derreteu
e arrastou o nome sobre as águas.*
Kazantzakis

*Deu à luz um Filho
para sublime felicidade.
E agora se perdeu
em sua silenciosa doçura.*
Hebbel

# A MÃE DO SENHOR

## *A Mãe eterna*

Diz uma lenda bretã que, quando os barcos naufragam em alto-mar e os marinheiros se afogam em águas profundas, a mulher da morte lhes sussurra ao ouvido canções de ninar, aquelas mesmas canções que os náufragos aprenderam de suas mães, quando eram ninados em seus berços.

De acordo com a poesia oriental, a mãe que morreu volta todas as noites para adormecer os filhos, mesmo que sejam adultos. E para esses órfãos, todos os seres da natureza – o vento, os ramos das árvores, as ondas, as sombras – transformam-se em braços maternos para acariciar, acolher e defender seus queridos órfãos.

A mãe não morre nunca. Diz Von Le Fort: "Na poesia popular sobre a mãe surge um profundo parentesco entre o nascimento e a morte".

Mãe, dor, morte, fecundidade não são apenas palavras aproximativas ou evocativas. São expressões tão estranhamente aparentadas, tão mutuamente condicionadas que, em certo sentido, são palavras sinônimas.

A mãe é tudo de uma vez: sagrada e terrena, pedra e estrela, aurora e ocaso, enigma e sangue, sino e silêncio, combate e ternura... Ela é como a terra fértil, sempre dando nascimento e sempre sepultando mortos, perpetuando incansavelmente a vida através de gerações imortais.

* * *

Para cumprir esse destino, sagrado e telúrico ao mesmo tempo, a mulher, para ser mãe, e ao ser mãe, renuncia e perde sua personalidade, submergindo, em forma anônima, na corrente das gerações. A mãe não tem identidade pessoal; é simplesmente *a senhora do Silva, mãe do Joãozinho*. É, essencialmente, entrega. Pertence a alguém. Não possui, é propriedade.

Mas, assim como a hora do parto se passa atrás da cortina, assim o heroísmo todo da vida da mãe transcorre em profunda simplicidade, isenta de pesar. Sofre e cala. Chora escondido. De noite, vela. De dia, trabalha. Ela é candelabro, os filhos são a luz. Dá a vida como a terra: silenciosamente. Aí está a raiz de sua grandeza e beleza.

Diz Gibran:

> Morremos para poder dar vida à vida, assim como nossos dedos urdem, com o fio, o pano que jamais vestiremos.
> Lançamos a rede para os peixes que jamais provaremos.
> Naquilo que nos entristece está a nossa alegria.

O mistério de Maria projeta-se como uma luz sobre a mãe eterna, aquela que nunca morre e sempre sobrevive. A figura de Maria Mãe assume e resume a dor, o combate e a esperança das infinitas mães que perpetuaram a vida sobre a terra.

## *Entre o fechamento e a abertura*

A encarnação é fechamento e abertura, ao mesmo tempo. Por um lado, culmina e coroa as intervenções fulgurantes de Deus, realizadas ao longo dos séculos, particularmente a favor de seu povo, Israel.

O Deus da Bíblia, nosso Deus, não é uma abstração mental, como, por exemplo, Ordem, Lei, Força, Vontade... Nosso Deus é *Alguém*. É alguém que intervém, entra em cena, força os fatos, irrompe no recinto privado da pessoa, mas sempre para libertar. Numa palavra, é uma *pessoa*: fala, desafia, roga, perdoa, combina, transaciona, propõe, às vezes dispõe. É sobretudo um Deus que ama, preocupa-se, cuida: é *Pai*.

Por outro lado, a encarnação é *abertura* de um Reino que nunca terá ocaso. Os reinos da terra, dentro do inevitável ciclo vital, nascem, crescem, morrem. A Igreja é o novo teatro de operações, o novo Israel, propriedade de Deus. Assim como Deus vive sem fim porque está acima do processo biológico, também a Igreja, que não é mais do que a encarnação prolongada e projetada, viverá até que caia a cortina e o tempo acabe.

A encarnação abre uma estrada sempre para frente e sempre para cima, até a culminação final.

Nesta encruzilhada, entre o fechamento e a abertura levanta-se a Mãe, com o seu *Sim*.

## *Nascido de mulher (Gl 4,4)*

Mateus e Lucas abrem seus Evangelhos com umas listas, antipáticas e áridas, chamadas Genealogias. A de Lucas é ascendente e a de Mateus, descendente.

Apesar de seu caráter monótono, que sempre levam alguém a saltar por cima desses nomes na leitura bíblica, essas listas contêm uma grande densidade de sentido. Indicam que nosso Deus não é uma forma primitiva ou a ordem cósmica; é o Deus concreto, embora sem nome, o Deus de Abraão, de Isaac e de Jacó; numa palavra, o Pai do Nosso Senhor Jesus Cristo.

> É ele quem do velho faz sair o novo e dá ao esperado sua plena realização; quem não força a história, mas a conduz a seu termo; quem colabora com os homens e constrói alguma coisa acabada com sua pobre obra e mesmo com seus malogros.[1]

Na lista descendente de Mateus, Maria fica no fim da Genealogia. Toda árvore genealógica, entre os judeus, segue rigorosamente pela linha masculina, mas esta coloca no fim o nome de Maria. Estranho!

Maria aparece aqui por uma referência necessária ao Cristo. Como o final e coroamento da lista é Jesus Cristo, e não se pode conceber Cristo sem Maria, Mateus precisou incluí-la. E essa é a entrada de Maria ao Novo Testamento, no final de uma Genealogia, como referência condicionada a Alguém, e como Mãe!

> Jacó gerou José, o esposo de Maria, da qual nasceu Jesus, que é chamado o Cristo (Mt 1,16).

Maria, portanto, segundo a Bíblia, está situada em uma interseção, ocupa um lugar central entre os homens e Deus. O Filho de Deus recebe de Maria a natureza humana e entra na cena humana por este leito.

As gerações vão avançando umas depois das outras até que, invariavelmente, acabam em Cristo, como os rios que morrem no mar. Todo movimento da história converge e culmina em Cristo: a Lei, os Profetas, toda a Palavra. E Cristo aparece com uma referência e um condicionamento a Maria "da qual nasceu Jesus, que é chamado o Cristo". A Mãe é nomeada imediatamente antes do Filho. Maria é a

---

[1] Schelkle, op. cit., p. 29.

representante das gerações que a precederam e, ao mesmo tempo, é a porta das futuras gerações redimidas.

Em uma palavra, por ser Mãe, Maria é, com Cristo, o centro e a convergência na história da salvação.

> Devemos mencionar a Mãe de Cristo como o lugar em que se realizou o trânsito decisivo do Eterno Filho de Deus para a natureza e a história humanas.
> A Mãe está entre Deus e os homens. Aqui se realizou a decisão histórica da salvação.[2]

## *Mãe de Deus*

A doutrina invariável da Igreja ensina que Jesus Cristo, enquanto pessoa humana, foi gerado verdadeiramente por uma mãe humana. Jesus Cristo é, rigorosamente, Filho de Maria. Da maneira que toda mãe subministra todo o fruto de suas entranhas, Maria subministrou uma natureza humana, com a qual se identificou o Verbo, e o fruto foi Jesus Cristo.

Movendo-nos dentro do alcance e do significado do dogma elaborado pela reflexão da Igreja a partir dos dados bíblicos e definido pelo Concílio de Éfeso, Maria não é apenas a Mãe de Cristo, *o homem*, mas também a Mãe de Jesus Cristo, *pessoa divina do Verbo*. É esse o significado do primeiro dogma mariano, proclamado com tanto júbilo em Éfeso, em 431. O Verbo é *seu Filho*, e Maria é *sua Mãe*, como as outras mães o são da pessoa completa.

Por hipótese, o Verbo poderia ter-se encarnado, por exemplo, identificando-se consubstancialmente, em deter-

---
[2] Ibid., p. 34.

minado momento, com uma pessoa adulta. Mas, de fato, não foi isso que aconteceu. De acordo com a Verdade revelada, Deus entrou na humanidade pelo caminho comum de um processo biológico, a partir das primeiras fases do embrião humano.

Por isso falamos da maternidade divina. Foi por isso também que Isabel perguntou estupefata: "Como mereço que a mãe do meu Senhor venha me visitar?" (Lc 1,43). São Paulo, falando do Eterno Jesus Cristo, diz que foi "fabricado" no seio de uma mulher (cf. Gl 4,4) e utiliza uma vigorosa expressão: Nascido "segundo a carne" (Rm 1,3). E o anjo da anunciação, quando falou a Maria sobre a identidade daquele que floresceria em seu seio, disse que se tratava do "Filho do Altíssimo".

* * *

Toda pessoa deve sua existência à atividade geradora de uma mãe. Uma maçã, por exemplo, é "fruto", isto é, um ser vivo formado pelo princípio materno, que é a macieira. A macieira deu vida a seu "fruto" por muito tempo, até que o fruto ficou maduro e pôde desprender-se da árvore-mãe. Mas a pessoa humana é muito mais com relação à mãe do que o fruto com respeito à árvore. O fruto não é um ser subsistente, como a pessoa. A maçã, desprendida da macieira, não é autônoma e subsistente.

Dentro da doutrina da Igreja, nós, sob o aspecto de "fruto", somos totalmente devedores da atividade materna, mas como *pessoa*, não somos totalmente produto do processo gerador porque a alma imortal vem diretamente de Deus imortal. A atividade materna prepara uma constituição somática, um corpo, digamos, sobre o qual Deus infunde diretamente seu alento imortal, e isso acontece desde o primeiro instante embrionário.

Mas, no fim das contas, a mãe não dá à luz um "fruto", mas uma *pessoa*, é mãe de uma pessoa: corpo e alma. Esta explicação nos facilitará a compreensão da maternidade divina.

\* \* \*

No caso de Maria, realizou-se um processo personificador. "Em" Maria identificaram-se, consubstancialmente, a humanidade e a divindade. A pessoa humana, sozinha, não é ainda a pessoa do Cristo; a pessoa do Verbo Eterno, também não é ainda a pessoa de Jesus Cristo. Quando as duas realidades se identificaram no que chamam de união hipostática, então tivemos a *pessoa de Jesus Cristo*. Existiu, portanto, um processo personificador, que se efetuou no seio de Maria.

Poderíamos dizer que, simultaneamente, a humanidade assumiu a divindade, e a divindade assumiu a humanidade. E esse ponto de convergência, nó central da história do mundo, consumou-se "em" Maria. Sob essa perspectiva poderíamos afirmar, com todo o direito, que Maria é o centro da história.

Procurando falar com mais precisão, podemos dizer que Jesus Cristo é o "homem que chega a ser Deus", segundo a expressão mais repetida dos Padres gregos. Ao mesmo tempo poderíamos dizer que Jesus Cristo é "o Deus que chega a ser homem". Esta seria a tradução mais exata do nome "Emanuel". Por isso dizemos tantas vezes que Deus se manifestou em Jesus Cristo.

\* \* \*

Como diz Scheeben, a maternidade de Maria dá propriamente, como resultado final, um homem que é real e verdadeiramente Deus. Não seria exato dizer que Maria é a mãe de um homem que, *ao mesmo tempo*, é Deus, como se sua atividade materna alcançasse direta e imediatamente – quase exclusivamente – o humano de Cristo. Para evitar confusões, é preciso deixar claro que o termo direto e formal da atividade geradora de Maria foi o Homem-Deus. É isso que indicamos quando dizemos que Maria é Mãe de Deus.

Assim chegamos à conclusão de que também não seria exato o pensamento segundo o qual a colaboração geradora de Maria esteve ordenada primariamente para a formação da natureza humana do Cristo – como mero homem – e secundariamente ao Deus-Homem. Sendo esse Homem-Deus uma pessoa divina, conclui-se evidentemente que a atividade materna de Maria tem por finalidade e termo a existência humana do Verbo.

Seguindo o raciocínio de Scheeben, o Verbo Eterno vem a ser objeto da atividade materna de Maria enquanto dela e nela se revestiu de carne. Muito mais: a atividade materna de Maria tem por meta o Verbo, tão explícita e diretamente que poderíamos afirmar que esse processo gerador não tem outra finalidade senão "revestir" o Verbo com a carne humana de Maria. Daí a vigorosa expressão paulina: nascido "segundo a carne" (Rm 1,3).

O Verbo é antes de tudo uma pessoa divina que chega a possuir uma natureza humana, e, em segundo lugar, uma pessoa humana em possessão da divindade. É tudo isso que indicamos quando chamamos Maria de Mãe de Deus, *Teotokos*.

O nascimento é um símbolo da maternidade, mas, na realidade, não é mais do que a *manifestação*, "sair à luz" de um processo gerador, levado a cabo no escuro do ventre materno, ao longo de nove meses.

## *Nascido de Maria Virgem*

Há séculos a Igreja vem repetindo estas palavras, cheias de grandeza e majestade: *"et incarnatus est de Spiritu Sancto ex Maria Virgine"*. Oh! Mistério da encarnação! O Verbo se fez carne "em" e "de" Maria, por obra do Espírito Santo.

Quer dizer que a carne que o Verbo assumiu foi "fabricada" pela potência criadora e direta do Espírito Santo, e não dentro de um processo biológico normal. O dogma (e a Escritura) avançam dizendo que essa operação criadora do Espírito Santo realizou-se concretamente "em" Maria e "de" Maria. A preposição latina *ex* tem grande densidade de sentido e quer dizer muito mais que nossa preposição *de*.

A atuação excepcional do Espírito Santo não só não prescindiu da atividade geradora materna, mas requereu-a expressamente. Houve, então, uma colaboração mútua entre o Espírito Santo e a atividade materna de Maria: uma na outra e uma ao lado da outra. Como diz com muita precisão Scheeben.[3] Maria foi verdadeiro princípio da humanidade de Cristo, embora subordinada ao Espírito Santo e atuando sob a ação dele. Ambos, o Espírito Santo e Maria, atuaram em comunidade de ação.

Essa atividade, da parte de Maria, importa uma colaboração biológica e outra espiritual, de que falaremos adiante.

Biologicamente, toda mãe, antes de se unir com o varão, prepara, ou melhor, forma em si mesma um germe orgânico capaz de ser fecundado pela ação do homem. Depois, em um processo simbiótico, a mãe traz alimentação e respiração – o sangue, digamos assim – através do cordão

---

[3] Algumas destas ideias foram tomadas de *Madre y Esposa del Verbo*, Bilbao, 1955.

umbilical, até que o fruto amadureça, desprenda-se e "saia para a luz". Essa colaboração geradora da mãe chama-se gestação. O nascimento, biologicamente, não tem importância; é um simples desprendimento.

\* \* \*

O dogma, seguindo a Escritura, exclui nesse processo materno a fecundação natural e afirma a atividade geradora de Maria.

Ao contrário do processo humano, em que o pai colabora mediante o germe paterno para a formação da substância corporal, na geração de Jesus Cristo a ação colaboradora veio por meio da atuação excepcional da potência criadora de Deus sobre a substância humana, que foi tomada unicamente da Mãe.

Essa operação, segundo a Escritura, consistiu em uma "invasão" do Espírito Santo e em uma "ação" da potência infinita de Deus (cf. Lc 1,35). Para significar essa ação, a Escritura utiliza algumas expressões belíssimas: diz que a *sombra* do Altíssimo *cobrirá* Maria. São expressões nobres, que recordam certos elementos naturais cuja ação deixa intacto o sujeito sobre o qual atuam, como a luz, a névoa, a sombra, o orvalho...

Numa palavra, nesse processo gerador da encarnação, o Espírito Santo será, misteriosamente, o *agente* que levará a potência criadora emanada diretamente da fonte do Altíssimo.

## *Significado da maternidade virginal*

Se a Escritura e a Tradição afirmam com tanta força e insistência o fato da maternidade virginal, quais poderiam ser, da parte de Deus, as razões para uma opção tão estranha e excepcional na história da humanidade?

Parece que, em primeiro lugar, Deus quer com esse fato deixar estabelecido de maneira patente e impactante que o único Pai de Nosso Senhor Jesus Cristo é o próprio Deus. Jesus Cristo não se originou da vontade do sangue, nem de desejo carnal algum, mas da vontade do Pai.

Além disso, com o fato da maternidade virginal quebra-se e transcende-se o processo biológico que vem desde Adão, e até mesmo desde muito mais longe, desde as fronteiras mais longínquas da biogênese. Quebra-se uma velha ordem, pela primeira e única vez, para demonstrar que, com a chegada de Jesus Cristo, estabelece-se um novo plano, não o da geração pelo sexo, mas o da regeneração pela ressurreição.

A virgindade de Maria é símbolo, figura e modelo da virgindade da Igreja, especialmente da Igreja definitiva e celestial, que não é outra coisa senão a multidão incontável de virgens, em quem o amor chegou à plenitude, o sexo foi transcendido até a total sublimação, e os militantes já não se casarão nem serão dados em casamento. Nova pátria, nova ordem, novo amor. Cristo transformou tudo. E o Transformador tinha que entrar no mundo de uma maneira diferente e virginal, tinha que viver e morrer de maneira diferente e virginal. "Eu sou aquele que faz tudo novo", diz o Apocalipse.

Maria Virgem é imagem da Igreja virgem. Os caminhos que os libertadores percorrem no meio da noite são caminhos de solidão. Toda mulher deseja ter alguns filhos, alguém a seu lado que lhe dê proteção, carinho e segurança, quer ter vestidos para mostrar, joias para brilhar, uma casa que seja cobiçada. Uma virgem é uma caminhante solitária que atravessa uma noite fria. É uma figura solitária, mas fascinante. Sua solidão contém um resplendor latente.

Ela é terra de Deus, herança exclusiva do Senhor, só Deus tem acesso e domínio sobre esse território. Isso foi Maria Virgem, e isso tem que ser a Igreja Virgem: caminhos de fé, humildade, pobreza, serviço e disponibilidade, entre perseguições, combates e esperanças.

A virgindade significa tudo isso.

\* \* \*

Conforme o que disse o Anjo da anunciação, aquele que germinaria no seio de Maria seria "santo" (Lc 1,35) e o *Santo* que nasceria dela a santificaria.

Para a Bíblia, *santo* não é adjetivo, qualidade ou propriedade, mas substantivo. A palavra *santo* quer dizer, como traduz muito bem Schelkle: "Com Deus e por Deus, arrebatado fora do mundo". Em sua significação semântica, *santo* tem referências com os verbos separar, reservar, apartar.

Por aí vai o significado profundo da virgindade: alguém seduzido por Deus, instalado solitariamente no coração da noite, mantendo-se sempre em pé, sustentado apenas pelo braço forte do Pai, e iluminado pelo velado fulgor do seu Rosto.

> Originalmente, Deus é santo, enquanto está separado do mundo, é totalmente distinto dele.
> Santo é quem, separado deste mundo, pertence ao mundo de Deus.
> Assim Maria, pela santidade de seu Filho, é ela mesma santa. É retirada do âmbito do criado, e situada na esfera das coisas e pessoas que Deus fez suas. Por isso, José não tem relações sexuais com Maria.[4]

\* \* \*

---

[4] Schelkle, op. cit., p. 44.

A maternidade virginal é tão inaudita que só se pode aceitar se olhada como um dos grandes gestos salvíficos. "É inconcebível que um ser humano não deva a vida ao ato gerador do pai, que pode ser simples indiferença, e não necessariamente fé, aceitar sem mais esse fato", diz Schelkle.[5]

A maternidade virginal é um dos portentos mais altos – senão o mais alto – da história da salvação, dentro daquela melodia que percorre toda a Bíblia: para Deus nada é impossível (cf. Gn 18,14; Lc 1,37).

> O milagre do nascimento de Cristo sem pai é precisamente revelação da liberdade e ação criadora de Deus.
> Até na corporeidade de Cristo está contido este anúncio: agora começa algo novo que é absolutamente ato criado de Deus e prova de seu poder.
> Nesse sentido pode interpretar-se a asserção paulina (1Cor 15,45-47) que Cristo, como novo Adão, como chefe e cabeça da humanidade nova, não foi formado da terra, mas procede do céu e é vivificador.
> Cristo, criatura humana, não tem pai. Jesus Cristo – homem – é obra direta de Deus. Só a Deus cabe a glória da obra e da vida de Jesus.[6]

\* \* \*

Todos nós vivemos envoltos em uma atmosfera de inspiração freudiana, em uma sociedade aceleradamente secularizante. Exaltou-se tanto o mito do sexo que até os crentes começam a sentir certa estranheza pelo nascimento virginal. Não têm dificuldade em aceitar fatos muito mais sensa-

---

[5] Sobre o valor histórico da maternidade virginal, ver as magníficas trinta e sete páginas de Schelkle, em *Maria Madre del Redentor*, pp. 43-70.
[6] Schelkle, op. cit., p. 69.

cionais, como a ressurreição, mas sentem um não sei quê de desgosto diante desse outro fato da salvação. Esquecem-se de que estamos diante de um assunto de fé.

> O juízo sobre a tradição do nascimento virginal e a sua aceitação é, definitivamente, uma parte sobre a tradição de Jesus, o Cristo; e uma parte da afirmação dessa tradição.
> Se, portanto, Cristo é o único e querido Filho e a imagem verdadeira de Deus, se ele é a consumação da nova era, como fato necessário para a humanidade perdida, a renovação total e a força, o caminho, a verdade e a vida... então, a afirmação da inexistência da paternidade terrena encerra um profundo mistério.
> Os textos do Novo Testamento referentes à maternidade virginal traçam uma linha de fronteira, apenas perceptível, em torno da realidade de Jesus Cristo, mas é uma fronteira bem determinada e, apesar da escassez de textos, tão digna de ser aceita, que impressiona e se torna inolvidável para o leitor.[7]

## *Maria nos meses de gestação*

Para saber como eram os sentimentos de Maria nos dias de gestação, vamos colocar-nos em situações análogas.

Se, hoje em dia, perguntarmos a uma mulher grávida e ao mesmo tempo de muita fé e interioridade quais os sentimentos que ela tem durante esse período, ela ficará sem saber o que responder... Não é estranho; é tão insondável o que vive! Acabará falando com dificuldade. Mas, mesmo com palavras vacilantes, conseguirá, não digo expressar,

---

[7] Ibid., p. 70.

mas evocar um mundo inefável, um mundo que nasce e morre com sua própria maternidade.

Qual era a estatura psíquica e espiritual de Maria nos dias da gestação? Nas cenas da anunciação, Maria parece dona de uma maturidade excepcional, com capacidade de reflexão e, principalmente, muito interiorizada. E tudo isso em proporções que não correspondem à sua idade.

Se medirmos sua estatura espiritual pelo conteúdo do *Magnificat*, comprovaremos que, quando se evoca o mistério pessoal do Senhor Deus, Maria é uma jovem vibrante e até exaltada, apesar de se mostrar em geral reservada e silenciosa. Conhece a história de Israel e está plenamente consciente do significado da encarnação. Além disso, é imaculada, cheia de graça, habitada pela presença substancial do Verbo e atingida pela ação direta do Espírito Santo.

Essa é a pessoa que haveria de viver uma experiência única.

* * *

Dificilmente poderá a mente conceber e a língua expressar, e a intuição mais penetrante adivinhar qual foi a amplitude e a profundidade da vivência em Deus de nossa Mãe, nessa época. O mundo interior de Maria deve ter-se enriquecido poderosamente nesses nove meses, física, psíquica e espiritualmente.

Deve ter sido algo único e inefável.

Maria vive abismada em um universo sem fundo e sem limites, olhando sempre contemplativamente para o centro de seu ser, onde se realiza o mistério infinito da encarnação. Todo o corpo e toda a alma de Maria estão concentrados no seu magnífico Senhor, que tinha ocupado o território de sua pessoa.

A fisiologia descreve admiravelmente de que maneira, nos dias da gravidez, todas as funções vitais da gestante convergem para a criatura que está no centro de seu organismo e colaboram para sua formação. Se em Maria as funções fisiológicas, por reação espontânea, dirigiam-se para o centro de seu organismo onde germinava o Filho de Deus, ao mesmo tempo toda a sua alma – atenção, emoção, forças de profundidade – convergia livremente e com devoção para esse mesmo centro, teatro das maravilhas de Deus.

* * *

Hoje em dia, pode-se comprovar em qualquer clínica obstétrica, com um espectroscópio, o seguinte fenômeno: quando a mãe se emociona, emociona-se também a criatura em seu ventre. Se se acelerar o ritmo cardíaco da mãe, acelerar-se-á também o ritmo do filho. Se se tranquilizar o coração da gestante, tranquilizar-se-á também o coração do filho. Todas as alternativas emocionais da mãe são vividas pela criança e detectadas pela agulha do espectroscópio.

De acordo com isso, em nosso caso, do mesmo sangue viviam o Criador e a criatura, do mesmo alimento alimentavam-se e do mesmo oxigênio respiravam o Senhor e a serva. Assim como seus corpos eram um só corpo, pelo fenômeno da simbiose, da mesma maneira seus espíritos eram um só espírito: a atenção de Maria e a "atenção" de Deus estavam mutuamente projetadas, originando-se uma intimidade inenarrável. Maria vivia completamente perdida na presença total do Senhor Deus.

Todas as energias mentais de Maria ficavam concentradas e são dirigidas àquele que estava com ela, naquele que, por outro lado, era a alma de sua alma e a vida de sua vida. Nesses momentos, a oração de Maria não consistia em expressar palavras, nem era propriamente uma reflexão. Porque em uma reflexão existe um movimento mental, um ir e vir das energias mentais, existe um processo diversificante e pluralizador.

Em Maria, nesses momentos de alta intimidade com seu Senhor, não existe propriamente (como explicar?) um movimento mental. Tudo está quieto. Que é? Um ato? Um estado? Um momento? Uma situação? Em todo caso, Maria *inteira* (todas as suas energias mentais integradas) em um ato (atitude?) simples e total, "*fica*" em Deus, *com* Deus, *dentro* de Deus, e Deus *dentro* dela.

Aí estaria a expressão exata: Maria *inteira* está concentrada *em* seu Filho-Deus.

Foi uma convivência densa e penetrante. Maria, em seus momentos mais altos, não tinha imagem nem pensamentos determinados, porque os pensamentos tornam presente alguém ausente, mas no caso de Maria grávida não era necessário fazer presente ninguém ausente, porque ele estava ali "com" ela, era presença, identificada com seu corpo e com sua alma.

Apesar dessa identificação, Maria conservava nitidamente a consciência de sua identidade e, mais e melhor do que nunca, media a distância entre a majestade de seu Senhor e a pequenez de sua serva, emocionada e agradecida.

\* \* \*

O Espírito Santo foi portador de uma força criativa do Todo-Poderoso, para formar a substância corporal no ventre de Maria. A ação do Espírito Santo não se limitou a formar, inicialmente, o embrião. Quando o embrião podia viver por si e transformar-se em um organismo humano, o Espírito Santo não se retirou como quem cumpriu sua missão, mas acompanhou, com seu influxo, todo o processo de gestação.

Ora, aqui nos encontramos com um mistério, diante do qual a imaginação humana se perde. Maria recebeu, digamos assim, a substância pessoal do Verbo Eterno, segunda pessoa da Santíssima Trindade, e recebeu ao mesmo tempo o Espírito Santo, *substancialmente* também, não apenas em seus efeitos, como aconteceu no dia de Pentecostes.

Maria, nesse tempo, era rigorosamente templo substantivo da Santa Trindade. Embora seja verdade que Deus não ocupa tempo nem espaço, as comunicações intratrinitárias se efetuaram, nesses nove meses, no recinto pessoal de Maria, no perímetro, por assim dizer, de suas dimensões somáticas. Como foi isso? Aqui nos perdemos.

"Em" Maria, nesses nove meses, o Pai foi *Paternidade*, isto é, continuou seu eterno processo de engendrar o Filho. Este – que era, propriamente, *Filiação* – continuou no processo eterno de *ser engendrado*. E da projeção de ambos sobre si mesmos procedia o Espírito Santo. Desde sempre e para sempre, tinha acontecido a mesma coisa; no circuito fechado da órbita intratrinitária desenvolvia-se uma fecunda corrente vital, de conhecimento e de amor, uma vida inefável de caudalosa comunicação entre as três pessoas. Ora, todo esse enorme mistério se desenvolvia, então, no âmbito limitado dessa frágil gestante. Isso supera qualquer fantasia.

O mistério Total e Trinitário envolvia, penetrava, possuía e ocupava tudo em Maria. Teria a jovem gestante consciência do que acontecia dentro dela? Sempre acontece o mesmo: quanto maior a densidade de uma vivência, menor a capacidade de conceitualizá-la e, principalmente, menor ainda a capacidade de expressá-la. De acordo com sua espiritualidade de pobre de Deus, Maria tinha entregado incondicionalmente seu território, e agora só se preocupava em ser consequentemente receptiva. Seu problema não era o conhecimento, mas a fidelidade.

* * *

Entretanto, Maria não foi uma gestante alienada. A pseudocontemplação aliena. Mas a verdadeira contemplação dá maturidade, bom senso e produtividade. É verdade que Maria vive abismada na presença de Deus. Mas, nessa presença, seus pés tocam a terra e a pisam com firmeza. Ela sabe que tem de se sobrealimentar porque de seu alimento participa Aquele que vai nascer.

Viver perdida em Deus significou para ela viver encontrada em toda a realidade humana e terrena. Começa a preparar – não a comprar, mas a tecer – as roupinhas para vestir Aquele que estava para vir. Faz os complicados preparativos para a festa da *condução* e, no dia predeterminado, vai para a casa de José. Preocupa-se em evitar a maledicência popular – que recairia particularmente sobre o Filho – dissimulando os efeitos visíveis da gravidez e, talvez, adiantando por esse mesmo motivo sua viagem para Belém.

A presença de Deus desperta, sobretudo, a sensibilidade fraterna. E lá vai a jovem, rapidamente, para a casa de Isabel para felicitá-la, para ajudá-la nos últimos meses de gestação e nos trabalhos do parto, e permanece lá por três meses. Deus é assim. Nunca deixa em paz. Sempre desinstala. Sempre tira a pessoa de seus próprios círculos para lançá-la aos necessitados deste mundo, para servir com bondade.

* * *

Nunca se viu figura maternal de tanta doçura, ternura e silêncio. Nunca se voltará a ver nesta terra uma figura de mulher tão evocadoramente inefável. Os olhos humanos jamais verão tanta interioridade. Todas as mulheres da terra, as que houve e as que haverá, encontram nessa jovem gestante sua mais alta expressão.

Todas as mães da história humana que morreram no parto ressuscitam aqui, no seio desta Mãe grávida, para dar à luz, juntamente com ela, a gerações imperecedouras.

As vozes e harmonias do universo formaram aqui, nesta jovem gestante, uma sinfonia completa e imortal.

Maria é aquela mulher grávida que aparece na grandiosa visão do Apocalipse, "no céu, vestida com o sol, tendo a lua debaixo dos pés, sobre a cabeça, uma coroa de doze estrelas" (Ap 12,1).

## O Filho, retrato de sua Mãe

De Maria sabemos pouco. O Novo Testamento é parco em notícias referentes à Mãe. E, embora sintamos sua presença no Evangelho, sua figura perde-se na penumbra. Temos que caminhar por entre deduções e intuições para captar a pessoa e a personalidade da Mãe.

Apesar dessa precariedade de informações, dispomos de uma fonte segura de investigação: seu próprio Filho. Todos nós somos um produto das inclinações e tendências combinadas de nosso pai e de nossa mãe, transmitidas pelas assim chamadas leis mendelianas.

Os caracteres, tanto fisionômicos quanto psíquicos, transmitem-se de pais para filhos, em forma de códigos genéticos. No interior da célula do óvulo há uns filamentos chamados cromossomos. Cada cromossomo, por sua vez, é formado por pequenos elementos unidos em forma de corrente. Esses corpúsculos elementares chamam-se genes e são os portadores dos caracteres dos pais. Esses genes, formando diferentes fórmulas ou combinações genéticas, são o que determina grande parte dos traços fisionômicos, assim como as tendências psicológicas, transmitidos pelos pais e herdados pelos filhos. Não se sabe ainda qual o secreto mistério pelo qual os cromossomos, paterno e materno, formam um código genético, mas sabemos que, por esses códigos, os caracteres dos pais chegam aos filhos.

Ora, Jesus Cristo não teve pai, no sentido genético da palavra. Em seu caso a transmissão e recepção dos traços fisionômicos e psicológicos realizou-se por um só canal, proveniente de uma única fonte, sua mãe.

De acordo com isso, a semelhança física entre a Mãe e o Filho deve ter sido enorme. As reações e comportamento geral devem ter sido muito semelhantes na Mãe e no Filho, o que, por outro lado, vislumbra-se claramente nos Evangelhos. Como era Maria? Basta olhar Jesus. O Filho foi a cópia de sua Mãe, sua fotografia, sua imagem exata, tanto no aspecto físico como nas reações psíquicas.

* * *

Nos Evangelhos há outros aspectos muito interessantes para saber, de forma dedutiva, quem e como foi a Mãe. Em primeiro lugar, Jesus é o enviado que, antes de proclamar as bem-aventuranças, viveu-as ele mesmo até as últimas consequências.

Em segundo lugar, Jesus foi o Filho que, desde pequeno, foi observando e admirando em sua Mãe todo esse conjunto de atitudes humanas – humildade, paciência, fortaleza – que depois haveria de espargir em forma de exclamações na montanha. Digo isso porque sempre que Maria aparece nos Evangelhos é com as características descritas no sermão da montanha: paciência, humildade, fortaleza, paz, suavidade, misericórdia...

Todos nós somos, de alguma maneira, o que foi nossa mãe. Uma verdadeira mãe vai recriando e formando o seu filho, de alguma forma, à sua imagem e semelhança, quanto a ideais, convicções e estilo vital. Jesus deve ter tido uma impressão muito forte ao ir observando, desde seus primeiros anos, e também admirando – sem querer, imitando – aquele silêncio, aquela dignidade e paz, aquele não se impressionar com as adversidades.

Para mim é evidente que Jesus, consciente e inconscientemente, percebendo ou não, nada mais fez na montanha do que desenhar aquela figura espiritual de sua Mãe que lhe surgia das profundezas do subconsciente, subconsciente alimentado pelas lembranças que datavam de seus primeiros anos. As bem-aventuranças são uma fotografia de Maria.

\* \* \*

Avançando por entre as penumbras das páginas evangélicas, vislumbramos um impressionante paralelismo entre a espiritualidade de Jesus e a de sua Mãe.

Maria, no momento decisivo de sua vida, resolveu seu destino com a palavra *faça-se* (cf. Lc 1,37). Jesus, quando chegou "sua hora", resolveu o destino de sua vida e a salvação do mundo com a mesma expressão: "seja feito o que tu queres" (cf. Mc 14,36). Essa palavra simboliza e sintetiza uma vasta espiritualidade que abarca a vida inteira com seus impulsos e compromissos, na linha dos *pobres de Deus*.

Quando Maria quer expressar sua identidade espiritual, sua "personalidade" diante de Deus e dos homens, usa aquelas palavras: "Eis aqui a serva do Senhor!" (Lc 1,38). Quando Jesus se propõe como uma imagem fotográfica, para ser copiado e imitado, usa as palavras "manso e humilde" (Mt 11,29). Segundo os exegetas, as duas expressões têm um mesmo conteúdo, mais uma vez dentro da espiritualidade dos *pobres de Deus*.

Maria afirma que o Senhor "derrubou os poderosos de seus tronos e exaltou os humildes" (Lc 1,52). Jesus diz que os soberbos serão abatidos e os humildes, exaltados.

Desses e de outros paralelismos que se encontram nos Evangelhos, poderíamos deduzir que Maria teve uma influência extraordinária e determinante na vida e na espiritualidade de Jesus. Que muito da inspiração evangélica se deve a Maria, como fonte longínqua; que a Mãe foi uma excelente pedagoga, e que sua pedagogia consistiu não em muitas palavras, mas em viver com suma intensidade uma determinada espiritualidade, da qual seu Filho ficou impregnado desde menino. E que, afinal, o Evangelho é, em geral, um eco remoto da vida de Maria.

## *Viagem apressada*

A tradição e a imaginação popular supuseram, há séculos, que Maria fez sua viagem de Nazaré a Belém alguns dias antes do parto. A imensa maioria dos autores – inclusive nós – aceita esse pressuposto sem se deter para pensar melhor. Paul Gechter tira uma conclusão diferente do contexto evangélico, lançando sobre Maria uma grandeza singular.[8]

Segundo o evangelista médico (cf. Lc 2,1), Maria e José, já casados, viram-se obrigados a realizar sua viagem a Belém sob a pressão de um edito imperial. Essa razão não exclui outros motivos para a viagem.

A ordem dos fatos pode ter sido assim: três meses depois da anunciação Maria regressa de Ain Karim. Certo dia, não sabemos quando, José recebe a explicação do anjo. De Mateus 1,24 surge a impressão de que a *condução* – o casamento – realizou-se o mais depressa possível, logo depois dessa notificação. A condução pode ter-se realizado entre o quarto e o quinto mês depois da anunciação, isto é, pouco antes de começarem a se manifestar os primeiros sintomas visíveis da gravidez.

Por trás dessa pressa vislumbramos a preocupação e o temor, por parte de José, de que começasse a maledicência popular contra Maria.

Se José queria defender o bom nome da Mãe, e sobretudo, do Filho, tinha que se apressar em sair de Nazaré. O censo imperial, que devia ter sido promulgado alguns meses antes, foi uma excelente oportunidade. A ordem imperial foi providencial para eles, porque assim ninguém estranharia seu afastamento de Nazaré que, quanto parece, foi definitivo na intenção do casal (cf. Mt 2,22).

Assim se esclarece a intenção velada que, aparentemente, está por trás da expressão lucana "que estava grávida" (Lc 2,5). Essa indicação parece ser a motivação da viagem apressada. Maria tinha que se afastar o quanto antes.

---

[8] Op. cit., pp. 190-191.

Em Belém ninguém repararia na gravidez de Maria, porque ninguém sabia quando tinha sido realizado o casamento. Diz Gechter: "Assim, sobre a encarnação de Jesus, estendia-se um véu que ocultava o mistério a nazarenos e belemitas". Lucas não diz: ao chegarem lá, cumpriram-se os dias do parto, mas: "Quando estavam ali" (Lc 2,6). O texto lucano deixa ampla margem para determinar a cronologia do nascimento. Se o parto foi logo depois da chegada, ou depois de um tempo maior, o texto não diz nada.

Se aceitarmos esse raciocínio, Maria e José teriam viajado de Nazaré a Belém mais ou menos no quinto mês depois da anunciação.

Seja como for, em qualquer das duas suposições, a situação de Maria não deve ter sido idílica. Teve de viver uma situação humana dramática. Mas aí está a grandeza da Mãe. Quando uma pessoa vive imersa em Deus e entregue à sua vontade – como ela vivia –, essa pessoa experimenta uma profunda paz e segurança, mesmo em meio a uma furiosa tempestade. Qualquer de nós pode constatá-lo: quando se "vive" intensamente a presença de Deus, não se sente medo de nada. A pessoa se sente livre e em paz, aconteça o que acontecer.

As situações ameaçadoras que envolveram Maria não impediram, absolutamente, aquela profundidade, doçura e intimidade em que a Mãe viveu durante esses meses. Essa é a lição da vida.

## TRAVESSIA

Sempre me choquei com um fenômeno estranho, que se esconde e se vislumbra por trás das linhas evangélicas: o trato de Jesus com sua Mãe. Não é como o dos outros filhos com suas mães. Sempre que Maria aparece nos Evangelhos, Jesus tem para com ela, parece que deliberadamente, uma atitude fria e distante. Por trás dessa atitude esconde-se um mistério profundíssimo, que vamos procurar desvelar aqui. Foi uma pedagogia.

É inútil alterar o significado das palavras mediante interpretações forçadas, para suavizar a dimensão real da dureza de algumas expressões evangélicas. Jesus não era um filho ingrato. Por que se comporta assim? Maria, como aparece nos Evangelhos, é a expressão suprema da delicadeza e da bondade. Não merecia tal tratamento. Por que acontece tudo isso?

Palpita aqui uma densa teologia, em que a mensagem evangélica adquire uma profundidade insuspeitada. Nesse contexto, o comportamento da Mãe é de tal grandeza, que ficamos simplesmente mudos de assombro diante dessa mulher incomparável.

### *A carne para nada serve (Jo 6,63)*

Jesus Cristo tinha vindo para transformar tudo. Tinha vindo para tirar os homens da órbita da carne e colocá-los na órbita do espírito. Com sua chegada, haveria de caducar todos os laços de consanguinidade e haveria de estabelecerem-se as fronteiras do espírito, dentro das quais Deus seria Pai de todos nós e nós todos seríamos irmãos uns dos outros (cf. Mt 23,8).

Muito mais que isso: para todos os que assumem radicalmente a vontade do Pai, Deus se faz pai, mãe, esposa, irmão... (cf. Mt 12,50; Lc 8,21). Todo o humano seria assumido, não suprimido. Tudo seria sublimado, não destruído. Foi a revolução do espírito.

Toda realidade humana move-se em órbitas fechadas, e Jesus tinha vindo para abrir o homem para horizontes ilimitados. Por exemplo, a paternidade, a maternidade, o lar, o amor humano desenvolvem-se em círculos fechados, e Jesus Cristo queria abrir essas realidades para o amor perfeito, para a universalidade paterna, materna, fraterna... Numa palavra, tinha vindo para implantar a esfera do Espírito.

\* \* \*

O próprio Jesus foi consequente com seus princípios. Chegada a hora marcada por seu Pai, sai da esfera familiar de Nazaré. Sua tendência permanente é afastar-se do que chamaríamos de clã, família, província. Sai e age primeiro na Galileia, depois na Samaria, mais tarde na Judeia, cada vez mais longe do núcleo familiar. Pelo que parece, não queria regressar à sua aldeia.

A intuição e a experiência tinham-no levado à seguinte conclusão: onde há relações de parentesco e vizinhança com o profeta, sempre o olharão como *carne*, terão curiosidade por ele, mas não fé, malogrará todo o fruto da semeadura porque nenhum profeta é aceito ou valorizado na sua própria terra, em sua própria casa, por seus parentes (cf. Lc 4,24; Mc 6,4; Mt 13,57). Realmente, "a carne para nada serve" (Jo 6,63).

Segundo os Evangelhos, Jesus teve uma amarga desilusão em sua cidade e no meio de seus parentes. As palavras de Marcos são surpreendentes: "Ele se admirava da incredulidade deles" (dos parentes e concidadãos) "e não fez ali muitos milagres" (Mc 6,6; Mt 13,58).

Os textos evangélicos avançam invariavelmente no mesmo sentido, levantando os discípulos de suas estreitas margens humanas para cumes elevados. "Se saudais somente os vossos irmãos, que fazeis de extraordinário? Os pagãos não fazem a mesma coisa?" (Mt 5,47). "Todo aquele que tiver deixado casas, irmãos, irmãs, pai, mãe, filhos ou campos, por causa do meu nome, receberá cem vezes mais e terá como herança a vida eterna" (Mt 19,29). "Não penseis que vim trazer paz à terra! Não vim trazer paz, mas sim, a espada. De fato, eu vim pôr oposição entre o filho e seu pai, a filha e sua mãe, a nora e sua sogra; e os inimigos serão os próprios familiares" (Mt 10,34-36).

É preciso nascer. O que nasce da carne é carne e, em seu ciclo biológico, acaba e se decompõe. O que nasce do espírito é imortal como Deus (cf. Jo 3,1-10).

Vai por essa linha a explicação profunda da atitude fria de Jesus com sua Mãe, atitude que, por outro lado, tem um caráter estritamente pedagógico.

## Nova gestação

Depois da ressurreição, Jesus estabelecerá o Reino do Espírito: a Igreja. Ela não é notadamente uma instituição humana, mas uma comunidade de homens que nasceram não do desejo da carne ou do sangue, mas do próprio Deus (cf. Jo 1,13). É um povo de filhos de Deus, nascidos do Espírito.

No dia de Pentecostes haverá um novo nascimento. Jesus vai nascer pela segunda vez, não mais da carne, como em Belém, mas do espírito. Não há nascimento sem mãe. Se o nascimento era espiritual, a mãe também tinha que ser espiritual. A mãe, humanamente, é uma doce realidade. Essa doce realidade tinha de morrer, numa evolução transformadora, porque para todo nascer há um morrer.

Maria tinha que fazer uma travessia. De alguma maneira, tinha que se esquecer de que era Mãe segundo a carne. Seu comportamento, sua mútua relação de Mãe e Filho, tinha que se desenvolver como se os dois fossem estranhos um ao outro.

Numa palavra, também Maria tinha que sair da órbita materna, fechada em si mesma – a esfera da carne –, para entrar na esfera da fé. Tudo isso porque Cristo precisava de uma Mãe no espírito, para seu segundo nascimento, no dia de Pentecostes. A Igreja é o prolongamento vivo de Jesus Cristo, projetado e espalhado ao longo da história.

Dessa maneira, Jesus adota uma singular pedagogia e submete sua Mãe a um processo de transformação. E toda transformação é dolorosa.

Desde a época pré-adolescente – era ainda um menino –, necessitado de atenções e carinhos maternos, Jesus Cristo, Filho de Deus e Filho de Maria, entra resolutamente na fria região da solidão humana: desprende-se de sua Mãe como um ramo grosso que se desgarra da árvore, declara-se exclusivamente Filho de Deus, desestima a preocupação materna e diz, sem o declarar, que a carne não serve para nada. Foi um golpe inesperado que desconcertou profunda e dolorosamente a Mãe. Ela ficou em silêncio, pensando (cf. Lc 2,46-51).

Aqui desmorona a doçura materna, e Jesus declara, com outras palavras, que só Deus é importante, que só Deus é doçura e ternura; e, num ambiente tenso, proclama desde agora e para sempre a indiscutível supremacia e exclusividade do Senhor Deus Pai acima de todas as realidades humanas e terrenas. Jesus retoma a via áspera e solitária dos grandes profetas: só Deus.

Depois Jesus manifesta repetidamente que não queria aceitar cuidados nem afetos maternos (cf. Mc 3,20-35). Se Maria quer continuar em comunhão com Jesus de Nazaré, não será na qualidade de mãe humana, mas terá que entrar em um novo relacionamento de fé e de espírito. Será que a "espada" não se referiria a esses aspectos?

Através de diversas cenas que mais se parecem golpes psicológicos, Jesus foi conduzindo Maria por essa travessia dolorosa e desconcertante, embora transformante, até que, no dia de Pentecostes, no andar superior da casa de Jerusalém (cf. At 1,13-14), Maria está presidindo o grupo dos comprometidos que esperam a chegada do Espírito, que – *com* Maria e *em* Maria – dará à luz, pela segunda vez, e desta vez no Espírito, a Jesus Cristo. Nasce, então, a Santa Igreja de Deus, e por obra do Espírito Santo, de Maria Virgem.

Nesse momento, Maria completa seu itinerário pascal, realiza a nova gestação espiritual, e agora, de novo, era a *Mãe*. Mãe na fé e no espírito, Mãe universal, Mãe da Igreja, Mãe da humanidade e da história.

## *Conflito, não; pedagogia, sim*

As relações entre Maria e Jesus não se desenvolvem de maneira normal, como entre qualquer mãe com seu filho. É o Menino e não a Mãe quem toma a iniciativa e determina o tipo de relacionamento entre eles, e isso quase que desde o início. Em sua narrativa da infância, Mateus coloca em cinco diferentes oportunidades a significativa expressão "o Menino e sua Mãe". Não é normal. Os Evangelhos não se preocupam em transmitir-nos o normal nas relações entre uma mãe e seu filho, mas o extraordinário e até o estranho.

No caso de Maria, a maternidade não foi uma realização aprazível e isenta de conflitos. Maria foi a *Mãe Dolorosa* desde o dia da anunciação, e não só ao pé da cruz.

A distância que sentimos entre Jesus e Maria não foi uma distância psicológica, mas de outra espécie, e muito misteriosa. A Mãe não entendia algumas expressões *de* ou *sobre* Jesus. Sentia estranheza por outras. Aquela "espada" deve ter ficado cravada em sua alma como um enigma ameaçador. Teve de fugir para o estrangeiro. Perdeu o Menino, ou o Menino se extraviou voluntariamente, escapou de sua tutela. Um belo dia, o Filho adulto afastou-se definitivamente. Outro dia, esse Filho desapareceu devorado pelo desastre no Calvário.

Todo um conjunto encadeado de acontecimentos escalonam num *crescendo* essa travessia pascal da Mãe, como um processo purificador, para chegar à maternidade espiritual e universal.

* * *

Neste singular processo pedagógico, encontramos outro acontecimento, com relevos particularmente intensos, em Caná da Galileia. O casamento era a principal festa da vida familiar judia. Jesus estava presente com seus discípulos, Maria também estava presente. Talvez fossem parentes que se casavam.

A Mãe permanecia atenta a todos os detalhes, para que a festa acabasse satisfatoriamente. A celebração durava vários dias. Em certo momento, Maria percebeu que faltava vinho. Quis resolver o descuido por si mesma, de maneira delicada e disfarçada. Tomou o atalho mais curto e direto, e aproximando-se de Jesus comunicou-lhe o que estava acontecendo. A informação incluía, disfarçado e humilde, um pedido: resolve este *impasse*, por favor.

A resposta de Jesus foi estranha e distante. Aquilo soou como quando um navio se parte ao meio. Maria se havia aproximado com a segurança de estar em comunhão humana com Jesus e dele conseguir um favor: era o pedido de uma mãe. Cristo levanta a muralha da separação, começando com a fria palavra "mulher". "Nós dois não temos nada em comum, somos estranhos" (cf. Jo 2,4).

Por mais que se queira amenizar a aspereza da resposta, não se pode esconder a dureza das palavras, segundo os melhores autores. Entretanto, se o episódio tivesse sido pouco edificante, o evangelista não o teria consignado. Há, portanto, um ensinamento escondido no fragor desta cena. Numa análise profunda do contexto, se nos lembrarmos de que Jesus acabou cedendo ao pedido da Mãe, o fato de ter advertido Maria de que não se impacientasse porque sua hora não tinha chegado, encerraria, segundo Lagrange, mais solenidade que frieza.

Dessa maneira, o sentido natural das palavras do versículo (Jo 2,4) segundo os melhores autores, está na mesma linha de reflexão que estamos desenvolvendo: querida mãe, a vontade da "carne" não pode determinar *a minha hora*, mas, pela vontade do Pai, entramos na era da fé e do espírito. Gechter diz:

> É quase impossível afirmar que "mulher" substitui "mãe". Antes, troca de propósito. Jesus propôs conscientemente as relações naturais que o ligavam a sua mãe, não querendo levá-las em conta.

Jesus quer dizer antes de tudo: Tu, agora, como minha mãe terrena, não entras em cena; não tens nenhuma influência sobre mim e sobre minha atuação.[9]

\* \* \*

Os três sinóticos consignam o fato como um novo golpe psicológico. A Mãe foi buscá-lo, certamente para cuidar dele, porque o Senhor não tinha tempo nem para comer (cf. Mc 3,20). Era em Cafarnaum. Marcos diz que Jesus estava dentro de uma casa, ensinando, e que a casa estava cheia de gente, de modo que a Mãe, com seus familiares, não conseguiam chegar perto. Mandou-lhe um recado, que passaram a Jesus: "Mestre, tua Mãe está aí e pergunta por ti".

Jesus, transcendendo mais uma vez a ordem humana e levantando a voz, de modo que Maria pôde escutá-lo perfeitamente, perguntou: "Minha mãe? Meus irmãos?" E estendendo os olhos sobre os que o rodeavam afirmou: "Estes são minha mãe e meus irmãos. E não somente aqueles. Todo aquele que cumpre a vontade de meu Pai é meu irmão e minha mãe" (cf. Mt 12,46-50; Lc 8,19-21; Mc 3,31-35).

Conflito? Não! Desestima de sua Mãe? Não! Era um novo capítulo do êxodo purificador e transformante para uma maternidade universal. Maria concebeu Jesus em um ato de fé. Sua vida inteira, como vimos, foi cumprir a vontade do Pai, com uma perfeição única, repetindo sempre o seu *faça-se*. Nessa oportunidade, foi duplamente mãe de Jesus.

Em outra ocasião – não sabemos se Maria estava presente –, quando Jesus acabou de falar, uma mulher do meio da multidão levantou a voz com grande espontanei-

---

[9] Ibid., p. 284.

dade: "Como deve ser feliz a mulher que te deu à luz e te amamentou!". E Jesus, passando outra vez por cima das realidades humanas, replicou: "Mais felizes são aqueles que escutam a Palavra e a vivem" (cf. Lc 11,27-28). Que diz Lucas, em outro lugar? Em duas oportunidades (Lc 2,19; 2,51) o evangelista consigna que Maria escutava, guardava e vivia a Palavra. Então, Maria foi duplamente bem-aventurada: por ser Mãe e por viver a Palavra.

\* \* \*

A Mãe percorreu essa desolada via dolorosa vestida de dignidade e silêncio. Esteve simplesmente magnífica. Não reclamou, não protestou. Em outro lugar analisamos pormenorizadamente esse comportamento. Quando não entendia algumas palavras, guardava-as em seu coração e as meditava serenamente. Às cenas ásperas respondeu com doçura e silêncio. Nunca se dobrou. Em toda a travessia manteve a estatura e a elegância desses carvalhos que, quanto mais batidos pelos ventos, mais se firmam e consolidam. Foi compreendendo, passo a passo, que a maternidade no espírito é muito mais importante que a maternidade segundo a carne.

Nesse sentido, e por esse caminho, compreende-se também o profundo parentesco que se estabelece entre a maternidade virginal e a virgindade fecunda. Os que levam a sério a vontade do Pai, desenvolvem a consanguinidade em todos os seus prismas, diz Jesus: são ao mesmo tempo mãe, esposa, irmão...

Maria, vivendo no espírito e na fé e não segundo a carne, adquiriu direitos de maternidade universal sobre todos os filhos da Igreja que nascem do espírito. A virgindade é uma maternidade segundo o espírito, e é na esfera do espírito que se desenvolve sua fecundidade. Assim como a fecundidade de maternidade humana tem limites, a maternidade virginal abre sua fecundidade para a universalidade sem limites. Por isso, Maria é a figura da Igreja, que também é virgem fecunda.

# NOSSA MÃE

*Junto à cruz*

Temos que recorrer mais uma vez a uma história, tão breve quão completa, que diz assim: "Junto à cruz de Jesus estava de pé sua Mãe" (cf. Jo 19,25).

A personalidade de Maria impressiona por seus relevos de humildade e valentia. Ao longo de sua vida, sempre procurou ficar oculta na penumbra de um segundo plano. Quando chega a hora da humilhação, avança e se coloca em primeiro plano, digna e silenciosa. Marcos conta que, no Calvário, "estavam também algumas mulheres olhando de longe" (Mc 15,40). Mas João indica que a Mãe permanecia ao pé da cruz.

Os romanos, executores da sentença e guardiães da ordem, normalmente mantinham os grupos afastados, a uma distância prudente dos crucificados. Mas em algumas oportunidades permitiam, por exceção, que os parentes próximos se aproximassem. Aí estava Maria, em um momento solene de sua vida e da vida da Igreja.

\* \* \*

A cena e as palavras de João 19,25-28: "eis o teu filho; eis a tua mãe", dão-nos a impressão, à primeira vista, de que Jesus recomendou Maria aos cuidados de João. Desaparecendo Jesus, a Mãe ficava sem marido nem filhos que a pudessem acolher e amparar. Ficava sozinha; para os judeus era sinal de maldição quando uma mulher ficava sozinha na vida. Por isso, Jesus moribundo teve um gesto de delicadeza, preocupando-se com o futuro de sua Mãe. Essa é a primeira impressão.

Mas, nesta cena, há um conjunto de circunstâncias pelas quais a disposição de João para com sua Mãe encerra uma extensão muito mais vasta e um significado muito mais profundo do que um mero encargo familiar.

E, uma vez que nasce aqui a maternidade espiritual de Maria, precisamos analisar detidamente esse contexto de circunstâncias que são abertas por um encargo, que parece simplesmente doméstico, para um sentido messiânico.

## Contexto messiânico

O episódio que vamos analisar está situado no meio de um conjunto de relatos que têm, todos, sentido messiânico, isto é, transcendem a simples narração do fato. João foi testemunha ocular no Calvário. Dispunha de abundante material, diferente dos sinóticos, para narrar. Mas João escolheu só os fatos que tinham – ou se prestavam a ter – significação messiânica. Estes são os fatos.

* * *

Os sinedritas apresentam-se, na fortaleza Antônia, diante do governador romano. Manifestam-lhe seu mal-estar pela ambiguidade do título da cruz e exigem que o retifique. O romano acha ridícula a pretensão e mantém taxativamente sua decisão. Depois, estamos de novo no Calvário e presenciamos, com pormenores minuciosos, o sorteio da túnica, fato em que João vê o cumprimento das Escrituras.

Depois disso, para cumprir as Escrituras, Jesus manifesta que está com sede. A sede de Jesus não é principalmente fisiológica. É um fenômeno completamente natural para quem perdeu tanto sangue, e não se resolve com água, mas com uma transfusão de sangue. João vai escolhendo as cenas que não terminam onde acaba o fenômeno, mas que começam justamente onde o fenômeno termina. O narcótico que os guardas oferecem tinha finalidade humanitária: anestesiar as dores.

O último episódio contado é a quebra das pernas dos crucificados e o golpe de lança do soldado, o que também aconteceu para que se cumprissem as Escrituras.

Estamos vendo que João quis oferecer-nos uma série de episódios significativos, sem lógica interna. Não pretende fazer um relatório. João, entre parênteses, é um mau narrador porque, quando escreve, está pensando em mais do que está descrevendo. João quis mostrar que, nos acontecimentos da cruz, tinham-se cumprido as Escrituras. Por isso seu interesse principal não é dar uma informação coerente e ordenada. Ora, no meio de cinco narrações com projeção transcendente, o evangelista coloca o episódio de João e Maria.

## *Alguma coisa mais que uma disposição familiar*

Segundo uma interpretação muito geral, repetimos, Jesus teria agido nesta cena como um filho único preocupado com o desamparo de sua mãe.

Vamos indicar aqui as circunstâncias em que aparece claro que a intenção de Jesus incluía finalidades e perspectivas muito mais profundas.

* * *

Numa análise cuidadosa do texto, é preciso lembrar que Jesus estabelece uma dupla corrente: uma descendente, de Maria para com João, "eis o teu filho", e outra ascendente, de João para Maria, "eis a tua mãe". Se fosse uma simples disposição familiar, estaríamos diante de uma redundância inútil, tanto do ponto de vista gramatical como psicológico.

Quero dizer: se Jesus se tivesse preocupado apenas em tomar medidas testamentárias para os últimos anos da vida de sua Mãe, bastaria estabelecer uma só corrente, de João para com Maria: "João, cuida com carinho de minha mãe até o fim de seus dias". Seria suficiente. Podia ter evitado o resto. Para que estabelecer a corrente de Maria para com João? Era supérfluo.

Prosseguindo a análise das expressões paralelas -- eis o teu filho, eis a tua mãe –, se nos mantivéssemos em um eventual alcance meramente humano, Jesus teria procedido com pouca delicadeza para com sua Mãe. Explico-me: era normal, e de bom tom, que Jesus solicitasse encarecidamente, no último momento: "João, cuida dela com carinho, trata-a melhor que a mim mesmo". Mas encarregar a Mãe – e que Mãe! – de cuidar de João, não era apenas supérfluo, mas também pouco delicado. Gechter explica muito bem:

> Fazer expressamente a Maria a advertência de que ela devia apreciar João, deveria cuidar dele com coração materno, teria sido não só desnecessário, mas pouco delicado. Toda mulher de sensibilidade normal o compreenderia, e não era preciso que o dissessem, e muito menos que o dissesse seu filho moribundo.[10]

---

[10] Ibid., p. 349.

\* \* \*

Na Palestina daqueles tempos e também nos nossos, havia um costume familiar de significação quase sagrada. Quando uma mulher ficava só, faltando-lhe o marido e filhos, recolhia-se automaticamente no seio da própria família; família no sentido amplo da palavra: parentela, clã.

Dentro desse costume invariável, quando Maria ficou sem marido e sem o filho único, Jesus deveria tê-la confiado aos cuidados da família dos Zebedeus, por exemplo; à tutela de Cléofas, esposo de Maria que era "irmã" (prima) de Maria (cf. Jo 19,25), e que também estava junto da cruz; ou, no último dos casos, à tutela do mais velho dos Zebedeus, lembrando que os judeus eram muito sensíveis aos direitos derivados da antiguidade.

Considerando os costumes daqueles tempos, o encargo que Jesus fez a João deve ter sido muito estranho, a menos que estivesse à vista, muito patente, outro sentido. Partindo do fato de que os que estavam junto à cruz não estranharam a decisão de Jesus, vemos que eles perceberam na disposição testamentária algo mais que a formalidade jurídica.

\* \* \*

Entre parênteses, encontramo-nos aqui diante de um formidável argumento indireto da virgindade perpétua de Maria.

Se Maria tivesse tido outros filhos seria absurdo, jurídica e afetivamente, entregá-la aos cuidados de um estranho, ainda mais estabelecendo relações materno-filiais.

É um fato incontestável, que não precisa de maiores esclarecimentos.

* * *

Se Jesus quisesse encarregar João apenas do cuidado temporal de Maria, por que Maria foi interpelada em primeiro lugar? Se o encargo e a responsabilidade recaíam sobre João, a ele é que deveria se confrontar em primeiro lugar.

O que é mais importante anuncia-se em primeiro lugar. Jesus estabelece primeiramente a relação descendente, recomendando a Maria que assuma e cuide de João como de um filho. Por aí se vê claramente que, nessa dupla relação, não se tratam nem interessam, em primeiro plano, os cuidados humanos – não tinha sentido que Maria cuidasse de João –, mas outra relação, mais transcendental.

> Deve admitir-se que, nas novas relações mãe-filho, o papel principal é desempenhado por Maria, e não por João; e que a relação que no futuro a uniria a João tinha nela o seu ponto de partida, como acontece com toda mãe em relação a seu filho.[11]

Por hipótese, vamos interpretar as palavras de Jesus como se o Senhor quisesse ter uma delicadeza especial para com sua Mãe, dirigindo-lhe algumas palavras de conforto. Se fosse essa, exclusivamente, a intenção de Jesus, por que dirigiu uma expressão identicamente paralela a João? Seria estranho que, com as mesmas palavras, pretendesse consolar João, por mais predileto que fosse, e sua Mãe.

Finalmente, como já dissemos, se Maria foi entregue a João, João também foi entregue a Maria. Em outras palavras: assim como João devia preocupar-se com Maria, tam-

---

[11] Ibid., p. 351.

bém Maria devia cuidar de João. Isso era tremendamente estranho, porque a mãe de João, Maria Salomé, também estava presente. Teria sido uma ofensa para ela. O contexto cênico indica, portanto, que as palavras paralelas encerram uma carga de profundidade muito mais rica do que seu sentido direto parece indicar.

## *Temos mãe*

Essa série de esclarecimentos leva-nos a deduzir que Jesus, nesta cena, entrega uma Mãe à humanidade.

Que quer dizer *messiânico*? Significa que algum fato ou algumas palavras não acabam em si mesmas, não se esgotam em seu sentido direto, natural ou literal, mas encerram um significado transcendente e, além do mais, dizem respeito a todos os seres humanos: transcendência e universalidade.

* * *

Jesus estava na sua "Hora", no momento culminante de sua função messiânica. Tinha de comportar-se à altura de seu destino e da solenidade do momento. Por isso, o Senhor Jesus, embora em situação física desesperante, manteve a decisão inquebrantável de cumprir a vontade do Pai, levando a cabo todas as disposições, sem deixar nada por fazer.

Ora, depois de estabelecer a relação Maria-João, o evangelista acrescenta significativamente: "Depois disso, sabendo Jesus que tudo estava consumado" (Jo 19,28). Essas palavras indicam que, na opinião do evangelista, Jesus teve consciência de ter levado a cabo sua tarefa messiânica justa e imediatamente depois do episódio Maria-João.

Daí se conclui que a disposição (cf. Jo 19,25-28) de Jesus tem alcance messiânico: nesse encargo, Jesus entrega Maria como Mãe à humanidade na pessoa de João. Concluímos também que essa entrega testamentária de sua Mãe à humanidade foi o último ato messiânico de Jesus, antes de haver consciência de ter cumprido tudo.

\* \* \*

Como explicar qual o alcance desse magnífico presente de última hora, feito por Jesus à humanidade?

Para uma compreensão exata temos de dizer, em primeiro lugar, que a cena e as palavras – eis o teu filho, eis a tua mãe – são como sinais sacramentais: significam algo e produzem (realizam) o que significam.

Por isso, Jesus realiza um fato concreto e sensível, e estabelece um nexo jurídico: João consideraria Maria como Mãe e lhe daria o que um bom filho adulto dá à sua mãe – carinho e assistência. Maria, por sua vez, consideraria João como filho e lhe daria o que uma boa mãe dá sempre a seu filho – atenção e amor.

Esse era o fato, o sinal, diríamos, que Jesus concretizou. Mas não acaba tudo aqui. Ao contrário, aqui é o começo. Esse "gesto" sensível contém, latente e palpitante, uma intenção: abrir sua significação eficaz e projetá-la numa perspectiva sem fim quanto ao tempo e quanto à universalidade.

Em João, o Senhor dá Maria a todos como Mãe, em um sentido messiânico sobrenatural. Reciprocamente, nesse episódio, Jesus Cristo declara e faz todos os redimidos filhos de Maria.

Assim como Cristo não se interessava, primordialmente, em instituir um contrato de direito civil entre Maria e

João, mas originar e desenvolver entre ambos relações materno-filiais, assim, transcendendo o limite pessoal, Cristo quer que se originem e desenvolvam relações vivenciais e afetivas entre Maria e... quem? De acordo com o significado do termo messiânico, entre Maria e todos os redimidos pela morte redentora de Cristo. Diz Gechter:

> Dado que a Mãe é uma mas os filhos são muitos, fica suficientemente claro que em João estavam representados todos os que Jesus queria redimir e todos os que, segundo o modelo de João, haveriam de crer nele.

Desde agora e para sempre, todos os redimidos tinham uma Mãe, por expressa e última vontade do Senhor: a própria Mãe de Jesus. Ninguém no mundo, pelos séculos, poderia queixar-se de orfandade ou de solidão, na travessia de sua vida. Essa interpretação esgota satisfatoriamente o significado total do texto e contexto de João 9,25-28.

* * *

Compreendemos assim porque Jesus Cristo escolheu o discípulo mais sensível para esta função significante. João representaria e simbolizaria cabalmente a intercomunicação carinhosa entre Mãe e filho. Compreendemos porque, contra todos os costumes, entregou sua Mãe ao cuidado não do maior, mas do mais jovem dos Zebedeus: justamente por seu caráter afetuoso.

Isso, por sua vez, indica que Jesus queria fundar um relacionamento baseado no amor recíproco: como eram entre si João e Maria, assim deveriam ser entre si os crentes e Maria. O relacionamento entre os redimidos e a Mãe devia ser realizado na linha materno-filial. Agora compreendemos também porque o Senhor não entregou sua Mãe aos cuidados do clã ou da família, ou aos cuidados de Salomé ou daquele grupo de mulheres que a teriam acolhido com veneração e carinho, mas, contra todos os costumes, aos cuidados de João.

* * *

Compreendemos também outro detalhe. Cuidar dos pais era dever primordial do decálogo. Por que Cristo esperou o último instante, em que nem podia respirar, para preocupar-se com a sorte futura de sua Mãe? Cristo sabia o que ia acontecer; os crucificados mal podiam falar. Por que não ditou, anteriormente, as disposições pertinentes à situação futura de sua Mãe?

Evidentemente, Cristo tinha uma intenção: aproveitar a oportunidade e cumprir as obrigações normais de um filho com sua mãe, para instaurar uma nova situação eclesial. Seguramente, como diz Gechter, Jesus incluiu em sua tarefa messiânica, e subordinando-a a ela, o cumprimento de seus deveres filiais. E o cumpriu fazendo desses deveres a expressão simbólica de um conteúdo messiânico. Assim, e só assim, podemos justificar que Jesus tenha diferido esse cuidado por sua Mãe até quando quase não podia falar. E temos de tomar isso ao pé da letra, porque imediatamente depois, sabendo que tudo estava consumado, inclinou a cabeça e expirou.

Era sua última vontade, seu presente mais querido, o melhor, afinal. Em sua última atuação, Jesus entregou sua Mãe à Igreja, para que a Igreja cuidasse dela com fé e amor. E também entregou a Igreja à sua Mãe, para que a atendesse com cuidado maternal e a conduzisse pelo caminho da salvação.

## *Mulher*

Jesus rompe inesperadamente, não sem intenção, o paralelismo lógico, na formulação de seu testamento espiritual. Ao conceito de "filho" corresponde o conceito de "mãe". Dirigindo-se a Maria, tinha de tratá-la de "mãe" não necessariamente por tratar-se de sua Mãe, mas pela combinação lógica (filho-mãe) com que transcorria aquela cena.

A palavra aramaica *Imma* tinha um sentido muito íntimo, equivalente à nossa expressão *minha mãe*. Jesus substitui a palavra *mãe* pela palavra *mulher*, num contexto mental em que, logicamente, deveria dizer *mãe*. Evidentemente, foi uma substituição premeditada. Por que o fez?

\* \* \*

Um grupo de intérpretes julga que, com essa mudança, Jesus procedeu com uma delicadeza única para com sua Mãe. Ser mãe de um crucificado não era certamente um título glorioso, muito pelo contrário. Identificar sua Mãe naquelas circunstâncias teria sido um procedimento pouco feliz. Interpelando-a com a palavra *mulher*, Jesus desviava a atenção dos sinedritas, executores e curiosos sobre a identidade de seus amigos e familiares. Dessa maneira, ninguém podia identificar a Mãe do Crucificado.

Mas era mais que isso. A expressão foi escolhida premeditadamente para um momento e uma finalidade solenes.

No contexto messiânico do Calvário, o conceito-palavra *mulher* tira Maria de uma função materna limitada, abrindo-a para um destino materno sem fronteiras. A corrente profunda avança pelo mesmo leito daquela travessia que explicamos anteriormente, de uma maternidade segundo a carne – exclusiva e fechada – para uma maternidade na fé, universal e messiânica. No caso presente, Jesus faz abstração de sua condição de filho, como em outros momentos de sua vida.

Com grande cavalheirismo, não isento de carinho, Jesus chama de *mulher* a samaritana (cf. Jo 4,21), Maria de Mágdala (cf. Jo 20,15), a cananeia (cf. Mt 15,28) e outras. Mas chamar de mulher a samaritana ou a cananeia não era o mesmo que fazê-lo com sua Mãe. Portanto, esse apelativo tem um alcance diferente e messiânico.

A palavra *mulher*, aqui, é uma imensa evocação em que se agitam e se combinam diferentes cenas, pessoas e momentos da história salvífica. Parece que na mente do evangelista está presente Eva, chamada a "mãe dos viventes". Está presente aquela outra "mulher" (Gn 3,15) que com sua Descendência haveria de desmascarar as mentiras do inimigo. Está presente a "mulher grávida" do Apocalipse, cujo filho matará o dragão. Está presente a Filha de Sião, figura e povo de todos os resgatados do cativeiro. Está presente aquela outra "Mulher" do futuro, a Igreja, que, como Maria, é também Virgem e Mãe.

A "Mulher" do Calvário assume, resume e expressa todas essas figuras. Ela é a verdadeira "Mãe dos viventes", terra onde germina o "primogênito numa multidão de irmãos" (Rm 8,29). Fonte inesgotável de onde nasce o povo dos redimidos. Tudo fica resumido, aqui e agora, quando Maria recebe alguns filhos a que não deu à luz e Cristo lhe dá, como filhos, todos os seus discípulos, na pessoa de João.

## *Desterrados*

Milhares de vezes foi feita a mesma pergunta: que é o ser humano? Essa pergunta arrisca envolver-nos numa interminável filosofia especulativa. Haveria outra pergunta mais concreta: em que consiste, que ou como se experimenta o *sentir-se* humano?

A resposta exata seria esta: como um desterrado.

* * *

Um golfinho, uma serpente ou um condor *sentem-se* em "harmonia" com a natureza toda, mediante um conjunto de energias instintivas, afins com a vida. Os animais vivem gozosamente submergidos "na" natureza, como em um lar, numa profunda "unidade" vital com os demais seres. Sentem-se plenamente realizados – mesmo sem consciência disso –, nunca experimentam a insatisfação. Não sabem o que é frustração, nem aborrecimento.

O ser humano "é" experimentalmente consciência de si mesmo.

Ao tomar consciência de si mesmo, o homem começou a sentir-se solitário, como que expulso da família, que era aquela unidade original com a vida. Mesmo quando faz *parte* da criação, o homem está, de fato, *à parte* da criação. Partilha a criação *junto* aos demais seres – mas não *com* eles –, como se a criação fosse um lar, mas, ao mesmo tempo, sente-se *fora* do lar. Desterrado e solitário.

Não só se sente *fora* da criação, mas também *acima* dela. Sente-se superior – e, por conseguinte, em certo sentido, inimigo – às criaturas, porque as domina e utiliza. Sente-se senhor, mas é um senhor desterrado, sem lar nem pátria.

Quando toma consciência de si mesmo, o ser humano leva em conta e mede suas próprias limitações, suas impotências e possibilidades. Essa consciência da própria limitação perturba sua paz interior, aquela gostosa harmonia em que vivem os outros seres que estão abaixo na escala vital. Comparando as possibilidades com as impotências, o ser humano começa a sentir-se angustiado. A angústia o consome na frustração. A frustração o lança a um eterno caminhar, à conquista de novas estradas e de novas fronteiras.

A razão, diz Fromm, é ao mesmo tempo bênção e maldição para o ser humano.

\* \* \*

No terreno moral e espiritual, o homem sente-se mais impotente que em qualquer outro campo. Por causa dessa sensação de solidão e desterro, nasceu e cresceu no ser humano o *egoísmo*, como uma árvore frondosa de mil grossos ramos, que são suas inumeráveis armas defensivas. O egoísmo transformou o ser humano em alguém infinitamente mais solitário e triste.

Uma rede variadíssima e tremendamente complexa de elementos bioquímicos e endócrinos condiciona – às vezes até quase anular sua liberdade – a espontaneidade do ser humano, de tal maneira que, muitas vezes, "faz o que não quer" e não pode fazer o que gostaria (cf. Rm 7,14-25). Além do mais, é um encarcerado.

O egoísmo – melhor, o egocentrismo – é originalmente uma arma defensiva. Faz com que o ser humano se transforme em um castelo solitário, cercado de muralhas, torres e ameias defensivas. Da defensiva passa rapidamente para a ofensiva, para a conquista e a dominação.

O destino definitivo do ser humano, no vir-a-ser da trans-história, é derrotar o egoísmo. Melhor, é liberar suas grandes energias, hoje acorrentadas a ele mesmo, para projetá-las a serviço de todos, em bondade e amor.

É um encarcerado, um desterrado e um solitário. Precisa de um Redentor, de uma Pátria, de uma Mãe.

## *Consolação*

Contra essa sensação de desterro e solidão, precisamos sentir Alguém perto de nós. Na Bíblia, nosso Deus apresenta-se sempre como uma Pessoa, amante e amada, que está "conosco", principalmente nos dias de desolação. A melodia que percorre a Bíblia, desde a primeira até a última página, é esta: não tenhas medo, estou contigo.

Essa melodia sobe de tom nos profetas, e a voz de Deus transforma-se em um alento imenso, com frases como estas: "Não te deixarei, não te abandonarei. Estarei contigo. Sê forte, não te assustes porque eu estou contigo aonde quer que vás. Repito: sê forte" (cf. Js 1,1-10).

Expressões como estas: "Não olhes com desconfiança, pois sou o teu Deus. Eu te amparo com minha destra vitoriosa. Tomo tua mão e te digo: não tenhas medo. Se atravessas um rio, a corrente não te arrastará. Se passas por entre chamas, não te queimarás. Não olhes para trás, mas para o futuro, porque vai haver prodígios: brotarão rios nas colinas desnudas, mananciais nos desertos e primaveras nas estepes. Tudo isso, e muito mais, acontecerá para que todos saibam e compreendam que é o Santo de Israel o autor de tais maravilhas" (cf. Is 41; 43).

* * *

O alento de Deus transforma-se, frequentemente, em ternura de Pai: "estive preocupado contigo, desde quando estavas no seio de tua mãe. Amei-te com um amor eterno. Israel ainda era uma criatura pequena e eu o tomava em meus braços, dava-lhe de comer, e o chegava com carinho à minha face" (cf. Jr 31; Os 11).

Jesus acentua mais ainda a preocupação e ternura de Deus Pai. Declara-nos que Pai é o novo nome de Deus. E com grande emoção diz-nos que nossa primeira obrigação não consiste em amar o Pai, mas em deixar-nos amar por ele.

\* \* \*

Numa sinfonia de comparações, metáforas e parábolas, diz-nos coisas imensamente consoladoras: que às vezes o Pai toma a atitude de um pastor, sobe às montanhas, arrisca-se e percorre os vales para encontrar um filho perdido e querido. Que o Pai organiza uma grande festa quando o filho volta para casa. Que o Pai fica esperando a volta do filho ingrato e louco que foi embora da casa paterna. Que sua misericórdia é muito maior que nossos pecados, e seu carinho muito maior que nossa solidão. Ou se o Pai se preocupa em vestir as flores e alimentar os passarinhos, quanto mais haverá de preocupar-se com as nossas necessidades?

\* \* \*

Mas não bastava ter um Pai. Na vida – em toda vida – há um pai e uma mãe. Melhor, uma mãe e um pai. A psiquiatria fala-nos da decisiva influência materna sobre nós, antes e depois de "vir à luz", e também dos perigos dessa influência, pelas fixações e dependências. Todos nós conservamos, particularmente dos longínquos anos da infância, a lembrança daquela mãe que foi para nós estímulo e consolação.

Por isso, Jesus Cristo nos revelou o Pai e nos presenteou com uma Mãe.

Como explicamos antes, Jesus Cristo entregou sua Mãe à humanidade para que a humanidade cuidasse dela com fé e veneração, e entregou a humanidade à sua Mãe para que esta a atendesse e a transformasse em um reino de amor.

Mas a humanidade não existe em concreto. Existem os seres humanos, melhor, existe cada indivíduo. Por isso Jesus, grande pedagogo, presenteou sua Mãe à pessoa concreta de João, como representante da humanidade. Com esse ato simbólico, Jesus queria significar que, assim como a relação materno-filial de Maria e João desenvolvia-se com mútua atenção, da mesma maneira deveriam ser as relações dos redimidos com a Mãe.

* * *

O povo cristão, através de longos períodos, desenvolveu esse sentimento filial a partir de situações-limite: desterro, orfandade, solidão; e assim nasceu essa imortal súplica que se chama *Salve-Rainha*. Durante muitos séculos, a *Salve-Rainha* foi a única estrela matutina, o único farol de esperança e a única tábua de salvação para milhões de pessoas, nos naufrágios, nas agonias, nas tentações e na luta da vida.

Perigo de transformar a Mãe no "seio materno" alienante de que fala a psiquiatria? É evidente que para os psiquiatras (para a imensa maioria dos quais só existe a "matéria") a "salvação" existencial consiste na aceitação da solidão radical do ser humano, em afastar-se o mais possível de toda "mãe" e manter-se em pé por si mesmo. É um belo programa.

Mas nós estamos no mundo da fé: redimidos por Jesus Cristo, morto e ressuscitado, rodeado pelos braços fortes e amorosos de Deus Pai, e cuidados por uma Mãe consoladora, que Jesus nos entregou na hora derradeira.

Os psiquiatras estão em outra órbita e nunca compreenderão as "coisas" da fé. Dirão que tudo é alienação. É lógico que o digam.

\* \* \*

Às vezes, uma pessoa é assaltada pela desolação e não sabe do que se trata. As confissões dos homens e das mulheres que se aproximam de nós e se abrem conosco são de estremecer. Dizem que não sabem o que é. Trata-se, dizem, de alguma coisa interior confusa e complexa, absolutamente inexplicável, que lhes dá uma tristeza pesada, impossível de eliminar. Acrescentam que, nesses momentos, a única coisa que lhes dá alívio é recorrer à Mãe, gritando: "Vida, Doçura e Esperança nossa, os vossos olhos misericordiosos a nós volvei!".

Dizem, sempre dizem, que é impossível explicar: num dia qualquer, acordam e, sem motivo aparente, começam a sentir uma impressão vaga e profunda de temor. Sentem-se pessimistas, rejeitados pelo mundo. Se têm cem lembranças, das quais noventa e cinco são positivas, fixam-se nas cinco negativas, e uma sensação rara de tristeza, medo e sobressalto toma conta deles sem que possam eliminá-la. Sem saber por que, têm vontade de morrer. E acrescentam que, nesses momentos, só a evocação da Mãe, com as palavras da *Salve-Rainha* lhes dá alívio, faz recuperar o ânimo e voltar a respirar.

\* \* \*

Ao longo da vida, assisti muitas pessoas no leito da agonia. Ainda hoje estão vivas em mim muitas dessas lembranças. Quando um agonizante, apesar das palavras vãs de seus familiares, pressente que está sendo arrastado pela corrente inexorável da morte, quantas vezes vi iluminar-se o rosto abatido quando rezou a Salve-Rainha com os familiares em coro: "A vós bradamos, degredados filhos de Eva, a vós suspiramos... Mãe de misericórdia e doçura nossa".

Em países de tradição católica, uma pessoa fica frequentemente impressionada ao comprovar a profundidade da devoção mariana em regiões de marinheiros e pescadores. Em muitos lugares, quando as embarcações de pesca saem para o alto-mar, vão sempre cantando a Salve-Rainha. E, se formos às pequenas vilas de pescadores, seus habitantes não acabarão de contar histórias de situações impossíveis solucionadas, pela Mãe, embarcações inteiras salvas por uma Salve-Rainha...

* * *

Mas nós não somos pescadores nem marinheiros, embora sejamos navegantes no mar da vida. Não há dúvida de que a vida é luta e de que a luta acaba muitas vezes no fracasso. Ai do fracassado! Ficará sozinho e todos transformarão em lenha a árvore caída. Quem de nós não experimentou o consolo da mãe humana na hora do fracasso! A mãe é alento antes do combate e é balsamo quando fracassamos.

Vi encarcerados, estigmatizados pela opinião pública e abandonados por seus familiares e amigos, quando eram visitados discretamente por uma mulher solitária, sua própria mãe. Uma mãe nunca abandona, a não ser quando é arrebatada pela morte.

Precisamos de outra Mãe, que nunca possa ser atingida pela morte. Cada um vive sua vida de forma singular, e só ele "sabe" o que há em seus arquivos: sofre dificuldades, entra em desolação, seu estado de ânimo sobe e desce, morrem as esperanças, envolve-se de repente em situações impossíveis, renasce a esperança no dia seguinte e, embora com dificuldade, parece que tudo tem jeito... a luta pela vida!

A Mãe é, em qualquer momento, consolação e paz. Ela transforma a aspereza em doçura. Ela é benigna e suave. Sofre com os que sofrem, fica com os que ficam e parte com os que partem. A Mãe é paciência e segurança. A Mãe é nosso gozo, nossa alegria, nossa quietude. A Mãe é uma imensa doçura e uma fortaleza invencível.

## ENTRE O COMBATE E A ESPERANÇA

### *Alienação e realidade*

Tudo que não se abre é egoísmo. Devoção mariana que acaba em si mesma é falsa e alienante. O trato com Maria, que busca exclusivamente segurança ou consolação, sem se irradiar para a construção de um reino de amor, não só é uma sutil busca de si mesmo, mas um perigo para o desenvolvimento normal da personalidade.

Não há dúvida de que, em muitos lugares, ao longo dos tempos, a devoção a Maria constituiu uma paralisação das energias. As medalhas e escapulários eram, não raro, como "sinais infalíveis", em vez de ser a evocação de uma Mãe dinâmica. Muitos procuram imagens e quadros apenas para *tocar* e *beijar*, em vez de buscar neles sinais que despertem a fé e conduzam ao amor.

Não é sempre assim, é claro! Também não podemos fazer caricaturas e generalizar. Muitas vezes, há certa mistura de superstição, interesse e devoção verdadeira.

Grandes multidões acercam-se dos santuários marianos com um fundo de bom sentimento e interesse pessoal. Querem conseguir alguma coisa, ou agradecer um favor. Às vezes temos a impressão de estar assistindo a uma operação de compra e venda. É o caso de tantos fiéis que chegam fazendo sacrifícios comoventes, como viajar a pé, entrar de joelhos, acender velas: contra sua aparência devota, escondem-se boas doses de interesse pessoal. Cumpre-se o que diziam os romanos: *do ut des*, "dou para que me dês". Daí se origina, por exemplo, a expressão "pagar promessas". O verbo "pagar" indica claramente o conceito de compra e venda.

Trata-se hoje da saúde da mãe, amanhã, do ingresso do filho mais velho na universidade, depois de amanhã de arranjar um bom marido para a filha, no outro dia de resolver um conflito matrimonial, familiar ou com a vizinhança. No fundo, buscam a si mesmos, não buscam amar. Raríssimas vezes os fiéis pedem outro tipo de valores, como a fé, a humildade, a fortaleza...

É evidente que tudo isso é adulteração da finalidade pela qual Jesus Cristo nos entregou sua Mãe. Em vez de ser Mãe que engendra em nós Jesus Cristo, queremos transformá-la muitas vezes naquela que resolve os reveses econômicos, naquela que cura as doenças incuráveis, na mulher que tem o segredo para tudo que é impossível.

Outras pessoas correm aos santuários quando ouvem falar de milagres, com uma mescla de curiosidade, superstição e fascínio. Sem perceber, podem fomentar instintos religiosos, em vez de promover a fé. Naturalmente, o sentimento religioso é diferente da fé.

* * *

A alienação pode vir também de outro lado. Entre os estudiosos, Maria tem sido, na história, objeto de rivalidades partidárias, numa verdadeira dialética passional, entre os chamados *maximalistas* e *minimalistas*. Uns e outros pretendiam acertar com a *realidade* de Maria. Todos se extremavam em sua posição e caricaturizavam os adversários doutrinais.

O Concílio Vaticano II foi um exemplo impressionante para comprovar como o assunto Maria está carregado de alta tensão emocional. É um contrassenso incrível que seja centro de polêmica a mulher que no Evangelho aparece sempre em segundo plano, mal abrindo a boca, cheia de calma...

Pretender elevar Maria, apresentando-a em sua vida terrena como que a desfrutar quase de uma visão beatífica, é tirar-lhe o mérito e a condição de mulher peregrina na fé, é aliená-la. Uma mariologia excessivamente dedutiva tem o perigo de elevar Maria a vertiginosas alturas triunfalistas, cercando a Mãe de privilégios e prerrogativas que querem ser cada vez mais altos. Há alguns que colocam Maria tão no alto e tão longe, que a transformam em uma semideusa desumanizada.

> Esta criatura "bendita entre todas as mulheres" foi nesta terra uma mulher humilde, implicada nas condições de privação, trabalho, opressão, incerteza do amanhã, que são as de um país subdesenvolvido.
> Maria tinha não só de lavar ou consertar a roupa, mas costurá-la; antes, tinha até de fiá-la.

> Não tinha apenas de fazer o pão, precisava também moer o trigo e, sem dúvida, cortar ela mesma a lenha para as necessidades da casa, como fazem ainda hoje as mulheres de Nazaré.
> A Mãe de Deus não foi rainha como as da terra, mas esposa e mãe de operários. Não foi rica; foi pobre.
> Era necessário que a *Theotokos* fosse a mãe de um condenado à morte, sob a tríplice pressão da hospitalidade popular, da autoridade religiosa e da autoridade civil de seu país. Era necessário que compartilhasse com ele a condição laboriosa e oprimida, que foi a das massas de homens que era preciso redimir, "os que trabalham e estão sobrecarregados".[12]

Maria não é soberana, mas servidora. Não é meta, mas caminho. Não é semideusa, mas a *pobre de Deus*. Não é todo-poderosa, mas intercessora. Acima de tudo, é a Mãe que continua dando à luz Jesus Cristo em cada um de nós.

## *Nosso destino "materno"*

O significado profundo da maternidade espiritual consiste, repetimos, em que Maria é, de novo, Mãe de Jesus Cristo *em nós*. Toda mãe gera e dá à luz. A Mãe de Cristo gera e dá à luz Cristo, e o dá à luz em nós e através de nós.

Numa palavra, nascimento de Cristo significa que nós *encarnamos* e "damos à luz" – transparecemos – o *Cristo existencial*, permitam-me a expressão, aquele mesmo Jesus Cristo, como sentiu, agiu e viveu em sua existência terrena. Jesus Cristo – a Igreja – nasce e cresce à medida que os

---

[12] LAURENTIN, R. *La cuestión mariana*. p. 188.

sentimentos e comportamentos, reações e estilo de Cristo *aparecem através* de nossa vida.

Temos um destino materno: gerar e dar à luz Jesus Cristo. A Igreja é Jesus Cristo. O crescimento da Igreja é proporcional ao crescimento de Jesus Cristo. Mas o Cristo Total não cresce por justaposição. Quero dizer: a Igreja não é "maior" porque temos tantas instituições, centros missionários ou departamentos de catequese.

A Igreja tem uma dimensão interna, que é fácil perder de vista. A Igreja é o Corpo de Cristo, ou o Cristo Total. A Igreja cresce por dentro ou a partir de dentro, por assimilação interior. Contemplada em profundidade, a Igreja não pode ser reduzida a estatísticas ou proporcionalidades matemáticas. Por exemplo, a Igreja não é "maior" porque fizemos setecentos casamentos ou mil batizados. A Igreja é o Cristo total. E Jesus Cristo cresce à medida que nós reproduzimos sua vida em nós mesmos.

À medida que encarnamos a conduta e as atitudes de Cristo, o Cristo total avança para a plenitude. É sobretudo com nossa vida, mais do que com nossas instituições, que impelimos Cristo a um crescimento constante. Porque Deus não nos chamou desde a eternidade especialmente para transformar o mundo pela eficácia e a organização, mas "para nos configurarmos à imagem de seu Filho" (cf. Rm 8,29).

* * *

Maria dará Cristo à luz *em nós* à medida que formos sensíveis, como Cristo, por todos os necessitados deste mundo; à medida que vivermos como aquele Cristo que se compadecia e se identificava com a desgraça alheia. Que não podia contemplar uma aflição sem se comover, que deixava de comer ou de descansar para poder atender um doente, que não só se emocionava, mas também resolvia... A Mãe é aquela que deve ajudar-nos a *encarnar* esse Cristo vivo, sofrendo com os que sofrem, para que vivamos *para os outros* e não *para nós mesmos*.

* * *

Maria dará Cristo à luz em nós à medida que os *pobres* forem nossos *prediletos*; quando os pobres deste mundo forem atendidos com preferência será sinal de que estamos na Igreja verdadeiramente messiânica; quando vivermos como Cristo com as mãos e o coração abertos para os pobres, com uma simpatia visível por eles, partilhando sua condição e solucionando sua situação; à medida que nossa atividade for preferentemente, mas não exclusivamente, dedicada a eles, à medida que chegarmos a eles com esperança e sem ressentimentos... Maria será verdadeiramente Mãe à medida que nos ajudar a encarnar, em nós, esse Cristo dos pobres.

* * *

Maria dará Cristo à luz em nós à medida que tratarmos de ser, como Cristo, humildes e pacientes; à medida que refletirmos aquele estado de ânimo, de paz, domínio de si, fortaleza e serenidade; quando procedermos como Cristo diante dos juízes e dos acusadores, com silêncio, paciência e dignidade; quando soubermos perdoar como ele perdoou, quando soubermos calar como ele calou; quando não nos interessar nosso próprio prestígio, mas a glória do Pai e a felicidade dos irmãos; quando soubermos ariscar nossa pele, comportando-nos com valentia e audácia como Cristo, quando estiverem em jogo interesses do Pai e dos irmãos; quando formos sinceros e verazes, como Cristo foi, diante de amigos e de inimigos, defendendo a verdade mesmo à custa da própria vida... Maria será verdadeiramente nossa Mãe à medida que nos ajudar a encarnar esse Cristo pobre e humilde.

Maria dará Cristo à luz em nós à medida que vivermos *despreocupados* de nós mesmos e *preocupados* com os outros, como Jesus, que nunca se preocupou consigo mesmo, sem tempo para comer, para dormir ou para descansar. À medida que formos como Cristo, que se sacrificou sem queixas, sem lamentos, sem amarguras, sem ameaças, e ao mesmo tempo dando esperança e alento aos outros. À medida que amarmos como Cristo amou, inventando mil formas e maneiras para expressar esse amor, entregando sua vida e seu prestígio por seus "amigos"; se passarmos pela vida, como Jesus, "fazendo o bem a todos". Em que consiste a maternidade espiritual de Maria? Em que a Mãe nos ajuda a encarnar, gerar e dar à luz, em nós, esse Cristo que amou até o extremo.

* * *

Maria será para nós a verdadeira Mãe se nos esforçarmos por ter sua *delicadeza fraterna*: depois da anunciação, a Mãe vai rapidamente felicitar Isabel e ajudá-la nas tarefas domésticas dos dias pré-natais. Se copiarmos sua delicadeza em Caná, atenta e preocupada por tudo, como se se tratasse de sua própria família; superdelicadeza a sua, na mesma cena, por não ter comentado com ninguém a falta de vinho, por não ter informado o anfitrião evitando um momento de rubor, e maior delicadeza ainda querendo ajeitar tudo sem que ninguém percebesse. Delicadeza também com seu próprio Filho, por ter evitado diante dos outros uma impressão de situação conflitiva pela resposta do Filho, quando disse aos empregados: "façam o que ele disser". Sua delicadeza em Cafarnaum quando, em vez de entrar na casa e saudar seu Filho com orgulho materno, bate à porta e fica fora, esperando ser recebida...

Dessa maneira, Maria dá à luz Cristo através de nós; nós cumprimos nosso destino "materno", e Cristo é cada vez "maior".

# CONCLUSÃO

## Marcha trans-histórica e consumação

Somos os construtores de um reino. Nosso pior inimigo é a impaciência. Quiséramos ver terminado um projeto de dimensões eternas nos dias de nossa existência biológica. Precisamos de sabedoria para medir nossos limites e as dimensões do projeto. As armas da sabedoria são a paciência e a esperança.

Somos de ontem e temos milhões de anos pela frente. Esta terra e nossa história não vão terminar por um cataclismo apocalíptico, mas em uma normal extinção cosmogônica.

Há milhares de milhões de anos não havia mais do que uma massa informe de gás cósmico, formando uma molécula gigantesca que, ao explodir, deu origem às nebulosas, galáxias e sistemas solares, que não são outra coisa senão partículas daquela explosão. Pela força da gravidade, que tende a unir os corpos, o pó cósmico emanado daquela explosão começou a concentrar-se em sistemas circulares ao redor de um centro principal. É a última teoria da cosmogênese, fundamentada nos princípios matemáticos e se chama teoria do "Universo em expansão".

Que caminho espera a humanidade? É preciso olhar para trás para deduzir o que vai acontecer no futuro. A constituição química do Universo é extraordinariamente uniforme. As estrelas são apenas reações termonucleares pelas quais o hidrogênio vai se transformando em hélio. Os astros vão se consumindo em forma de irradiações de luz, calor e corpúsculos. A idade de nossa galáxia, e consequentemente de nosso Sol e de nossa Terra, calcula-se em uns cinco bilhões de anos.

A terra era rica em substâncias inorgânicas. A vida brotou como efeito da organização dessas substâncias, por meio da união de elementos combinados. A vida começou no mar há aproximadamente dois bilhões de anos.

Uma vez nascida, a vida foi se reproduzindo e se multiplicando. No passar de milhões de anos, formaram-se as espécies com sistema nervoso e cérebro.

O processo de *hominização*, demos-lhe esse nome, aconteceu "nos últimos tempos", de alguns milhões de anos para cá, por uma acelerada complexificação cerebral. Os primeiros vestígios da história da civilização aparecem, de acordo com o estado atual da paleontologia, há sete mil anos, com os sumérios. Abraão viveu há menos de quatro mil anos.

Conclusão: somos de ontem. Jesus Cristo encarnou-se no princípio da história da humanidade.

\* \* \*

Que quer Jesus Cristo nessa longa caminhada trans-histórica?

A tarefa de Jesus Cristo é transformar o mundo, digamos mais exatamente, transformar o coração do ser humano. O plano grandioso, concebido e sonhado por Deus desde a eternidade e executado "no tempo" por Jesus Cristo, é a *divinização* do ser humano.

Deus nos criou à sua imagem e semelhança. O Senhor depositou no fundo do ser humano a semente divina, que nos impele não a converter-nos em "deuses", substituindo o verdadeiro Deus (cf. Gn 3,5), mas a chegar a ser "divinos", participando da natureza divina. Tendo-nos criado, no princípio, semelhantes a ele, seus planos posteriores têm por finalidade fazer-nos cada vez mais semelhantes a ele.

* * *

Estamos acabando de sair da "floresta". Por isso, nesta etapa evolutiva da humanidade, ainda estamos dominados, governados e organizados inteiramente pelos mecanismos instintivos do egoísmo. Para os seres inferiores na escala vital, os instintos reativos são essencialmente egocêntricos, para poderem defender-se e subsistir na luta da vida. Daí arrasta o ser humano sua congênita natureza egoísta. Na época presente, o ser humano é conaturalmente egoísta.

A Bíblia não se cansa de dizer-nos de mil formas que o egoísmo (pecado) atinge as últimas raízes do ser humano. Ou, dizendo de outra maneira, o ser humano está estruturado "em pecado", em egoísmo (cf. Sl 50; Rm 7,14-25). Dessa sua estrutura de pecado emergem todos os frutos da "carne": fornicação, impureza, libertinagem, idolatria, feitiçaria, ódios, discórdia, ciúmes, ira, rixas, divisões, dissensões, invejas, embriaguez, orgias e coisas semelhantes (cf. Gl 5,19-22).

A tarefa gigantesca e trans-histórica de Jesus Cristo consiste em fazer o ser humano "passar" das leis do egoísmo para as leis do amor. Se o ser humano "é" egoísmo, e Deus "é" amor, a divinização do ser humano consistirá em "passar" do egoísmo para o amor, em deixar de ser "homem" para chegar a ser "Deus".

* * *

Atrevo-me a dizer que a redenção tem dimensões cósmicas, pelo que vou explicar. Em razão de sua estrutura egoísta, o ser humano domina e submete todas as criaturas à sua vaidade (cf. Rm 8,20). Estas, submetidas ao capricho arbitrário e despótico do ser humano, sentem-se prisioneiras e torturadas e "gemem" (Rm 8,22), suspirando pela libertação dessa opressão.

Para descrever esse fenômeno profundo, São Francisco usa a palavra "apropriar-se". Ter é uma coisa; reter é outra. Usar é diferente de *apropriar-se*. Apropriar-se quer dizer amarrar, passar uma corrente entre o ser humano e a criatura, entre o proprietário e a propriedade. Terrível mistério e ignorância profunda: o homem crê que ser "senhor" consiste em ter o maior número de apropriações, quando a realidade é o contrário: quanto mais propriedades o homem tem, mais amarrado está, mais correntes o submetem às criaturas, porque as propriedades reclamam seu dono.

O homem mais pobre do mundo é o mais livre e, por conseguinte, o mais "senhor". A redenção do ser humano, sua libertação, vem pelo caminho da desapropriação. Pobreza e amor são a mesma coisa.

Paulo nos diz que as criaturas suspiram por ver-se libertadas do abuso do ser humano. Se o ser humano se *desprende* das criaturas (valores, carismas, bens...), se o ser humano não as utiliza para seu domínio, essas criaturas ficam livres. A libertação do ser humano constitui também a libertação das criaturas. Isto é, as criaturas ficam livres do ser humano quando este se solta das criaturas.

Ora, quando o ser humano não submete as criaturas para seu exclusivo proveito, elas podem ser projetadas para o serviço dos outros. E, assim, as energias e valores humanos, uma vez libertados do abuso do homem, podem entrar na torrente do amor, ficando livres e disponíveis para o serviço de todos os irmãos.

Quando entram na esfera do amor, tanto o ser humano como as criaturas ficam dentro do processo de *divinização*, porque Deus é Amor: livres para servir e amar.

*  *  *

Essa prodigiosa e lenta libertação pascal será levada a cabo pela graça redentora de Jesus Cristo. O Concílio diz: "A chave, o centro, o fim de toda a história está em seu Mestre e Senhor Jesus Cristo". Quer dizer: não só Jesus Cristo está no coração da História, mas o movimento pascal da História é impelido e promovido pela dinâmica redentora do Senhor. A razão de ser da História humana é liberar as grandes energias humanas acorrentadas hoje aos anéis egocêntricos do ser humano, e colocá-las ao serviço dos outros.

Trata-se, naturalmente, de uma tarefa de milênios. Nessa libertação, os processos e realidades terrenos ajudarão eficazmente o ser humano em sua caminhada para a liberdade e o amor. Assim, por exemplo, os movimentos democráticos e socializantes constituem, a meu ver, uma grande ajuda nesse processo, à medida que fomentarem o respeito mútuo, combaterem o individualismo e abrirem os seres humanos para além das soberanias, pátrias e fronteiras, para a universalidade de uma fraternidade integral.

É evidente que nessa redenção trans-histórica temos uma preciosa ajuda das ciências humanas (psicologia, medicina, sociologia...) e da técnica. O Concílio indica que, nesse avanço para a liberdade e o amor, o ser humano vai encontrar-se com muitos inimigos, como as enfermidades, as injustiças, a pobreza, a ignorância... As ciências e a técnica ajudarão o ser humano a derrotar esses inimigos.

Segundo a *Gaudium et Spes*, a técnica é a grande vitória do ser humano sobre as forças inexoráveis da natureza. Mas, segundo o esquema conciliar, essa técnica libertadora está se convertendo, para o ser humano, em uma nova escravidão, pelos desequilíbrios e ambivalências que produz (GS 8, 9, 10). E o Concílio desafia o ser humano a superar as ambivalências negativas.

A Igreja tem uma imensa esperança de que o ser humano acabe por superar todos os obstáculos, porque ele tem o rosto de Deus marcado nas profundidades de si, e é portador de germens imortais, capazes de curar todos os erros, vencer todas as dificuldades e caminhar incessantemente para a frente e para cima.

Mas nessa marcha triunfal prosseguirá sempre com ele o seu *inimigo*, o pecado. O Concílio interroga e desafia o ser humano, para ver de que maneira, para além de todas as vitórias terrenas e humanas, conseguirá transformar suas energias vitais egocêntricas em amor. Em palavras mais simples: de que maneira chegará o ser humano a lutar, sofrer e trabalhar com o mesmo entusiasmo quando se tratar do interesse dos outros e quando se tratar de seus próprios interesses.

\* \* \*

O otimismo da Igreja passa também para este terreno; o ser humano irá vencendo também o pecado porque houve um *homem* que já o derrotou, Jesus Cristo. "O mistério do homem só se esclarece no mistério do Verbo encarnado" (GS 22).

À medida que os seres humanos, ao longo dos milênios, forem assumindo e encarnando os sentimentos e atitudes de Jesus Cristo, irão desaparecendo as consequências do egoísmo: a violência, as injustiças, as guerras, a discriminação e a exploração...

À medida que mais indivíduos assumirem o "amor extremo" (Jo 13,1) de Jesus, e o assumirem mais profundamente, sendo capazes de "dar a vida" (Jo 15,18) pelos irmãos, a redenção libertadora avançará lenta, mas seguramente pelos largos caminhos da trans-história, e irá chegando ao sobre-humanismo, pelo qual e no qual brilharão em todo o seu esplendor a liberdade e o amor.

Passarão outros milênios. À medida que os seres humanos se parecerem mais com Jesus, a humanidade se irá *cristificando*, Jesus Cristo irá *crescendo* até a estatura adulta que lhe corresponde.

O reino será, cada vez mais, liberdade e amor, e o ser humano cada vez mais pleno e feliz, até que o egoísmo seja definitivamente suprimido do coração humano. Quando as energias psíquicas não estiverem dirigidas para o centro de cada indivíduo, mas para os irmãos, amar-nos-emos uns aos outros como Jesus nos amou, Cristo "viverá" *realmente* em nós, tudo e todos "serão" Jesus Cristo... E nesse momento será o *fim* e cairá o pano da história.

Deus será "tudo em todos" e Jesus Cristo terá alcançado sua plenitude total. Leiam-se as cartas aos Efésios e aos Colossenses.

A conclusão do Concílio é magnífica e transcendental: "A vocação suprema do homem é, na realidade, uma só, isto é, a divina" (GS 22).

* * *

É evidente que, nesse nascimento e crescimento trans-histórico de Cristo, a mesma Mãe que o trouxe a este mundo terá um papel preponderante.

Maria presidirá esse processo. Não só presidirá, mas também será a Mãe fundamental de toda essa transformação libertadora e divinizadora, por meio de nós, seus filhos redimidos.

\* \* \*

Esse processo será tarefa de longos milênios. Sabe-se exatamente quando nosso planeta vai ser inabitável: quando já não houver condições de vida na Terra pela morte do Sol.

O Sol "vive" – e faz-nos viver com sua luz e calor – pela transmutação do hidrogênio em hélio, por meio das reações termonucleares. A ciência sabe quantas toneladas de hidrogênio por segundo consome nosso astro rei. Sabe também a provisão de hidrogênio de que dispõe. Pode calcular-se perfeitamente o tempo necessário para o Sol consumir sua provisão. Quando todo esse combustível se tiver queimado, o Sol agonizará e morrerá, e não haverá possibilidade de vida na terra.

A humanidade tem milhões de anos pela frente para sua *cristificação*.

\* \* \*

Os homens de Jesus Cristo são os colaboradores, juntamente com a Mãe, nessa tarefa transcendental. Nosso perigo é deixar-nos levar pela impaciência, em virtude do fenômeno da temporalidade, isto é, pelo fato de nos sentirmos submersos "no" tempo, na linha de Heidegger. Temos pressa de resolver tudo urgentemente, porque temos a impressão de que os dias de nossa vida verão a decisão do destino do mundo.

Não nos sabemos colocar na perspectiva da fé. Basta que, ao longo de nossa existência, tenhamos colocado um tijolo na construção desse reino de liberdade e amor. O tijolo ficará lá, irremovível, para sempre.

Quando nós tivermos morrido, cairá sobre nós, humanamente, o silêncio inquebrantável, o esquecimento eterno. Mas se nós tivermos dado um impulso em Jesus Cristo, em seu crescimento, teremos traçado uma linha indelével na História que nem o silêncio nem o esquecimento poderão apagar, e nosso nome ficará escrito para sempre no número dos eleitos.

* * *

Essa transformação trans-histórica implica, como dissemos, deveres e tarefas temporais. Levanta-se aqui a dificuldade quase insuperável do discernimento, e aqui começa o perigo do *temporalismo* para os filhos do Evangelho.

É tremendamente difícil estabelecer a linha divisória entre a política contingente e a política transcendente. Que significa, concretamente, um compromisso temporal para um eclesiástico? Até onde pode avançar um sacerdote na ação política? Que significam, quanto aos passos concretos, expressões como solidariedade fraterna, animação, denúncia, libertação, profetismo...?

Em que se diferencia a atividade temporal de um cristão leigo da de um sacerdote ou de uma religiosa? Existe essa diferença? Se existe, quais seriam as implicações concretas? Até onde se pode avançar? Onde estão as fronteiras? Estamos dentro de uma névoa profunda. Vamos pedir o espírito de sabedoria para não ficarmos muito para cá nem muito para lá.

* * *

Que adianta invocar Deus, quando o verdadeiro "deus" que manda é o dinheiro? Vale alguma coisa chamar-se seguidor de Jesus Cristo quando as armas usadas são a exploração do homem pelo homem, a dominação do homem pelo homem e a competição desapiedada pelo triunfo econômico?

Que conseguimos declarando-nos batizados se os únicos ideais que temos são o hedonismo, o orgulho da vida e o desejo louco de ostentar e brilhar? Os filhos do Evangelho não têm nada que ver com o reino do dinheiro.

Para que serve uma revolução social se os homens continuam odiando, alimentam ambições ferozes e substituem a aristocracia do dinheiro pela aristocracia da inteligência?

Se uma revolução social destrói o "dinheiro" e dispara contra todos os individualismos, presta uma ajuda na transformação do ser humano. Mas que vamos fazer se o coração continua podre e o caminho ainda é um rio de amargura?

\* \* \*

O coração do ser humano não se transforma por magia. Derrubar umas estruturas sociais e substituí-las por outras é coisa relativamente fácil, porque se trata de uma ação rápida e espetacular, fascinante.

Derrubar as muralhas do egoísmo, criar um coração novo, mudar os motivos e critérios do homem, trabalhar pelos outros com o mesmo interesse com que se trabalharia por si mesmo, despreocupar-se de si mesmo para se preocupar com os outros, adquirir a capacidade de perdoar, compreender... tudo isso é tarefa de séculos e de milênios. Essa é a grande revolução de Jesus Cristo.

O "mundo" acredita que campeão é o último que dá o golpe. "Com quem compararei um campeão?", pergunta Jesus. "Campeão é aquele", responde Cristo, "que, depois de receber um golpe na face direita, permanece íntegro e, dono de si, pode apresentar tranquilamente a face esquerda. Esse é o mais forte." Quanta revolução só nessa comparação!

\* \* \*

Os resultados de uma ação temporal são ou podem ser vistosos e fulgurantes, mas também são superficiais, porque não tocam o coração. Em geral, o que se constrói depressa, desmorona depressa.

O Pai encarregou Jesus Cristo de transformar o mundo e de conduzir a humanidade, libertada e divinizada, em um grande movimento de retorno para a Casa do Pai. Isso não é tarefa de um século nem de um milênio. Jesus Cristo é de ontem, de hoje, de amanhã e de sempre. É preciso que os homens de Jesus Cristo, seus colaboradores na construção do Reino, coloquem-se "no tempo" de Jesus Cristo, sem perder de vista as dimensões da fé.

É preciso não perder a paciência procurando resultados imediatos, é preciso saber discernir o que é o Evangelho e o que não é. Principalmente, é preciso ter as raízes, como os profetas, profundamente cravadas na intimidade do Senhor.

> O profeta é um homem possuído por Deus. Mas nem por isso foi retirado do mundo.
> Muito ligado à história de seus contemporâneos, vive com intensidade os acontecimentos de sua época. Testemunha do absoluto de Deus, está dotado de um olhar agudo e cortante.
> Diante dele, as fachadas desmoronam, as combinações dos homens perdem sua espetaculosidade e deixam a descoberto sua pequenez.

> Um fogo o penetra, uma força interior o impele; em tempo e fora de tempo é preciso que anuncie a mensagem de que é portador.
>
> Ele é como uma evidência da presença de Deus e do olhar de Deus sobre o mundo, e acusa profundamente a falta de clarividência dos que o rodeiam. Dir-se-ia que é um vidente passeando pelo reino dos cegos.
>
> Para o profeta, a verdade vem do alto. Ele a recebe de presente, é algo que se lhe impõe, a que não pode resistir.[1]

É preciso organizar a grande marcha libertadora para o interior do ser humano.

\* \* \*

Nós somos os filhos da esperança, e a esperança é a alma do combate. Nós formamos uma corrente imortal cujo primeiro e último elo é aquele mesmo que venceu o egoísmo e a morte.

A esperança é a filha predileta de Deus. Os fracassos nunca desalentarão as pessoas de esperança. Depois do primeiro, quinto, décimo, enésimo fracasso, a esperança repete sempre a mesma coisa: não importa, amanhã será melhor. A esperança não morre nunca. É imortal como o próprio Deus.

Os filhos do Evangelho gritam: "É impossível derrotar o egoísmo". A esperança contesta: "Tudo é possível para Deus". Os homens do Evangelho se lamentam: "O dinheiro é uma máquina invencível". A esperança replica: "Só Cristo é invencível".

---

[1] *A Bíblia e sua mensagem*, n. 61. p. 4.

Os filhos do Evangelho desanimam chorando e dizendo: "No mundo, quem manda é o dinheiro, é o ódio, o mundo faz pouco do amor". Dizem que o ódio é dos fortes e o amor, dos fracos; dizem também que é preferível que nos temam a que nos amem. Dizem que para triunfar é preciso perder a vergonha e que o egoísmo é uma serpente de mil cabeças que penetra e sustenta, de maneira fria e impassível, toda a sociedade de consumo... Diante de tudo isso, os homens do Evangelho sentem a tentação de "sair" do mundo, dizendo: "Irmãos, não há lugar para a esperança!".

A esperança responde: "Vocês, filhos do combate e da esperança, vocês estão enganados porque olham para o chão. Parece que tudo está perdido porque vocês acreditam nas estatísticas, leem os jornais, sua fé está baseada nas pesquisas sociológicas, só acreditam no que veem".

Levantem os olhos e olhem lá longe, onde está a fonte da esperança: Jesus Cristo, ressuscitado dentre os mortos, vencedor do egoísmo e do pecado; ele é nossa única esperança.

Vocês estão perdendo a esperança porque se apoiam nos resultados dos projetos humanos. Quando a marcha da Igreja é vistosa e triunfal, quando os eclesiásticos são muitos e os seminários estão cheios, vocês dizem: "Vai tudo bem".

Quando a Igreja é reduzida ao silêncio e suas testemunhas são encarceradas e supliciadas, vocês dizem: "Está tudo perdido". A fonte de esperança não está nas estatísticas nem no fulgor dos fenômenos. Esqueceram-se da cruz e do grão de trigo? Não sabem que da morte do Senhor nasce a ressurreição do Senhor? Lembrem-se: a crucificação e a ressurreição são a mesma coisa.

Para não sucumbir ao desânimo, nos momentos em que não se veem resultados, apoiem-se no Imortal, pelos séculos. Somos invencíveis porque o Senhor venceu todos os inimigos. A única senhora que sobrou na terra é a morte. Também ela foi vencida pelo Imortal.

> Vi então o céu aberto, e apareceu um cavalo branco. Aquele que o montava chama-se "fiel" e "verdadeiro": ele julga e combate com justiça. Seus olhos são como chama de fogo. Sobre sua cabeça há muitos diademas. Ele traz um nome que ninguém conhece, a não ser ele mesmo. Está vestido com um manto embebido de sangue. Ele é chamado pelo nome de "Palavra de Deus". Os exércitos do céu o acompanham, montados em cavalos brancos, com roupas de linho puro. [...] No manto e na sua coxa, traz escrito um nome: "Rei dos Reis e Senhor dos Senhores". (Ap 19,11-16).

\* \* \*

Cristo, com sua Mãe e nossa colaboração, irá arrancando as raízes das injustiças. Colocará as bases da paz e começará a brilhar o sol da justiça.

As testemunhas de Cristo e os filhos de Nossa Senhora deverão assumir suas responsabilidades com a audácia do Espírito e o equilíbrio de Deus. Começará uma nova época em que os pobres ocuparão seu lugar no Reino, haverá libertação de toda servidão, e as energias dispersas se integrarão. Os filhos do Pai e da Senhora, nossa Mãe, formarão um povo único e fraterno. Maria presidirá essa lenta operação. Muitas testemunhas cairão, outras desertarão. Mas o Reino será construído pedra por pedra.

Será um novo Reino em que se integrarão o espiritual e o temporal. Passar-se-á das estruturas opressoras para a superação das calamidades sociais, para a aquisição do necessário, para o aumento da dignidade, a promoção da paz e a participação nas decisões.

Um Reino em que a família será um ambiente animado pelo amor, e escola de formação de pessoas. Os esposos serão testemunhas da fé e cooperadores da graça, e o lar será templo de Deus e escola de respeito mútuo.

Será um Reino onde não haverá muitos que têm pouco e poucos que têm muito. As desigualdades irão sendo niveladas, cessará a insensibilidade de uns pelos outros, as frustrações irão diminuindo até desaparecer, não haverá privilegiados nem esquecidos, não haverá problemas nem tensões, não haverá dominação de uns países sobre outros.

Será um Reino de paz, em que a dignidade será respeitada, as aspirações legítimas satisfeitas e os filhos de Deus serão agentes de seu próprio destino. Um Reino em que os filhos de Deus, em um processo dinâmico, serão artesãos da paz e por isso serão chamados bem-aventurados (cf. Mt 5,9), uma paz que será fruto do amor e sinal de uma fraternidade universal.

> Vi então um novo céu e uma nova terra. [...] Vi também a cidade santa, nova Jerusalém, descendo do céu, de junto de Deus, vestida como noiva enfeitada para o seu esposo. Então ouvi uma voz forte, que saía do trono e dizia: *"Esta é a morada de Deus-com-os-homens. Ele vai morar junto deles.* Eles serão o seu povo, e o próprio Deus-com-eles será seu Deus. *Ele enxugará toda lágrima* dos seus olhos. A morte não existirá mais, e não haverá mais luto, nem grito, nem dor, porque as coisas anteriores passaram.
> Aquele que está sentado no trono disse: "Eis que faço de novo todas as coisas". Depois, ele me disse: "Escreve,

pois estas palavras são dignas de fé e verdadeiras". E disse-me ainda: "Está feito! Eu sou o Alfa e o Ômega, o Princípio e o Fim. A quem tiver sede, eu darei, de graça, da fonte de água vivificante. Estas coisas serão a herança do vencedor, e *eu serei seu Deus, e ele será meu filho* (Ap 21,1-7).

\* \* \*

Senhora do Silêncio e da Cruz,
Senhora do Amor e da Entrega,
Senhora da palavra recebida
e da palavra empenhada,
Senhora da Paz e da Esperança,
Senhora de todos os que partem,
porque és a Senhora
do caminho da Páscoa.

Também nós partimos o pão da amizade e da união fraterna. Sentimo-nos fortes e felizes. Nossa tristeza se converterá em gozo, e nosso gozo será pleno, e ninguém no-lo poderá tirar.

Ensina-nos, Maria, a gratidão e o gozo de todas as partidas. Ensina-nos a dizer sempre *sim*, com toda a alma. Entra na pequenez de nosso coração e diz tu mesma o sim por nós.

Sê caminho dos que partem, serenidade dos que ficam. Acompanha-nos sempre, enquanto vamos peregrinando juntos para o Pai.

Ensina-nos que esta vida é sempre uma partida. Sempre um desprendimento e uma oferenda. Sempre um trânsito e uma páscoa. Até que chegue o Trânsito definitivo, a Páscoa consumada.

Então compreenderemos que, para viver, é preciso morrer: para encontrar-se plenamente no Senhor é preciso despedir-se. E que é necessário passar por muitas coisas para poder entrar na Glória.

> Nossa Senhora da Reconciliação,
> imagem e princípio da Igreja:
> hoje deixamos em teu coração,
> pobre, silencioso e disponível,
> esta Igreja peregrina da Páscoa.
> Uma Igreja essencialmente missionária,
> fermento e alma da sociedade em que vivemos,
> uma Igreja profética, que seja o anúncio
> de que o Reino já chegou.
> Uma Igreja de testemunhas autênticas,
> implantada na história dos homens,
> como presença salvadora do Senhor,
> fonte de paz, de alegria e de esperança. Amém.

(Cardeal Pirônio)

# SUMÁRIO

Capítulo I: RETORNO ............................................................. 9

A FONTE SELADA ................................................................ 11
    Nosso querido médico (Cl 4,14) ....................................... 12
    Investigar e transmitir ...................................................... 13
    Desde as origens .............................................................. 14
    Primeiros anos ................................................................. 15
    Através da crítica interna ................................................. 18
    João, o "filho" .................................................................. 20
    Maria missionária ............................................................ 21

TRAÇOS PARA UMA FOTOGRAFIA ................................... 25
    A Mãe ............................................................................. 26
    O Espírito Santo .............................................................. 33

Capítulo II: PEREGRINAÇÃO ................................................ 37

ETERNO CAMINHAR ........................................................... 39
    Mistério ........................................................................... 39
    Rastros ............................................................................ 42
    Insatisfação e nostalgia .................................................... 44
    Deserto ............................................................................ 45
    Crise ................................................................................ 47
    Amanhecer ...................................................................... 48

FELIZ DE TI QUE ACREDITASTE ........................................ 48
    Entre penumbras ............................................................. 49
    Entre a luz e a escuridão .................................................. 54
    Guardava e meditava essas coisas (Lc 2,19) .................... 57

PARA O INTERIOR DE MARIA ..................................................60
    Entregar-se..............................................................................60
    Homens de fé..........................................................................61
    Declaração ..............................................................................63
    A encantadora ........................................................................63
    Entra o anjo ............................................................................65
    Duas propostas.......................................................................66
    Sentir-se só..............................................................................68
    Optar .......................................................................................69
    O salto .....................................................................................70
    A serva.....................................................................................72
    Faça-se em mim......................................................................73
    Por um caminho de contrastes .............................................75

MARIA DIANTE DO SILÊNCIO DE DEUS ................................76
    Desconcerto ............................................................................76
    A marcha da fé .......................................................................79
    Doçura inquebrantável...........................................................82
    A Mãe fugitiva ........................................................................85
    A prova do desgaste ...............................................................88
    Uma espada.............................................................................94

Capítulo III: SILÊNCIO....................................................... 101

FIDELIDADE NO SILÊNCIO ................................................... 103
    Gratuidade e silêncio ........................................................... 103
    Receptividade....................................................................... 106
    Lugar de origem ................................................................... 107
    O silêncio da virgindade ..................................................... 110
    Uma cena íntima ................................................................. 113

O DRAMA DO SILÊNCIO ....................................................... 118
    O segredo mais bem guardado ........................................... 118

    Fortaleza na intimidade ....................................... 120
    Fecha-se o círculo ................................................ 123
    Debruçada sobre o abismo ................................. 125
    O varão justo ....................................................... 128
    Sigilo reverente ................................................... 130

PRODÍGIO NO SEIO DO SILÊNCIO ............................ 133
    Amizade e comunhão ......................................... 133
    Por que Maria se casou? .................................... 141
    Consumou-se o prodígio ..................................... 146
    Cenas breves ...................................................... 149

Capítulo IV: A MÃE ...................................... 153

A MÃE DO SENHOR ...................................................... 155
    A Mãe eterna ...................................................... 155
    Entre o fechamento e a abertura ....................... 156
    Nascido de mulher (Gl 4,4) ................................ 157
    Mãe de Deus ....................................................... 159
    Nascido de Maria Virgem ................................... 163
    Significado da maternidade virginal ................... 164
    Maria nos meses de gestação ............................ 168
    O Filho, retrato de sua Mãe ............................... 174
    Viagem apressada .............................................. 177

TRAVESSIA ..................................................................... 179
    A carne para nada serve (Jo 6,63) .................... 180
    Nova gestação .................................................... 182
    Conflito, não; pedagogia, sim ............................ 184

NOSSA MÃE .................................................................... 189
    Junto à cruz ........................................................ 189
    Contexto messiânico .......................................... 190

Alguma coisa mais que uma disposição familiar ........... 191
Temos mãe ................................................................. 195
Mulher ...................................................................... 199
Desterrados .............................................................. 200
Consolação ............................................................... 203

ENTRE O COMBATE E A ESPERANÇA ............................ 208
Alienação e realidade ................................................. 208
Nosso destino "materno" ............................................ 211

CONCLUSÃO ................................................................ 217
Marcha trans-histórica e consumação ........................ 217

Rua Dona Inácia Uchoa, 62
04110-020 – São Paulo – SP (Brasil)
Tel.: (11) 2125-3500
paulinas.com.br – editora@paulinas.com.br
Telemarketing e SAC: 0800-7010081